TOME 4
Médine
Conjugaison

La maîtrises-tu ?

Arabe Correct
SAVOURE TES PROGRÈS EN ARABE

بِسْمِ اللهِ الرَّحْمٰنِ الرَّحِيمِ

إِنَّ الْحَمْدَ لِلّهِ نَحْمَدُهُ وَنَسْتَعِينُهُ وَنَسْتَغْفِرُهُ وَنَعُوذُ بِاللهِ مِنْ شُرُورِ أَنْفُسِنَا وَمِنْ سَيِّئَاتِ أَعْمَالِنَا مَنْ يَهْدِهِ اللهُ فَلَا مُضِلَّ لَهُ وَمَنْ يُضْلِلْ فَلَا هَادِيَ لَهُ وَأَشْهَدُ أَنْ لَا إِلَهَ إِلَّا اللهُ وَحْدَهُ لَا شَرِيكَ لَهُ وَأَشْهَدُ أَنَّ مُحَمَّدًا عَبْدُهُ وَرَسُولُهُ صَلَّى اللهُ عَلَيْهِ وَعَلَى آلِهِ وَأَصْحَابِهِ وَمَنْ تَبِعَهُمْ بِإِحْسَانٍ إِلَى يَوْمِ الدِّينِ وَسَلَّمَ تَسْلِيمًا كَثِيرًا

INTRODUCTION

*La conjugaison est nécessaire lorsqu'on veut décrire une situation passée ou présente, quand on veut exprimer ce que l'on veut faire, ou lorsqu'on veut demander à un interlocuteur de faire ou de ne pas faire quelque chose. En sachant que le verbe dans la langue arabe est composé de 3 à 6 lettres. C'est pourquoi le site **arabe-correct.com** a le plaisir de vous présenter ce **cahier de conjugaison** permettant de vous accompagner dans l'acquisition du **verbe à racine de 3 lettres avec ajout** (ثلاثيّ مزيد) et du **verbe à racine de 4 lettres avec et sans ajout** (رباعيّ مجرّد ومزيد) à la voie active (مبنيّ للمعلوم), car le verbe à racine de 3 lettres sans ajout a été vu dans les précédents cahiers.*

*Il est composé de **125 tableaux de verbes corrigés** à conjuguer pour chacun des **13 pronoms personnels**, dont **32 modèles**, afin de travailler les **14 formes** (أبواب) évoquées dans le **Tome 4** de la méthode de **Médine**.*

Ce cahier convient à toute personne qui étudie ou a étudié le Tome 4 de la méthode de Médine, et plus généralement, à tous ceux qui souhaitent maîtriser la conjugaison du verbe à racine de 3 lettres avec ajout et du verbe à racine de 4 lettres avec et sans ajout, à la voie active.

*Le tout suivi de la **correction complète** en fin de livre.*

En espérant que ce cahier vous aidera à progresser dans la compréhension et la pratique de cette belle et importante langue qu'est la langue arabe.

https://arabe-correct.com/

RAPPEL

Dans la langue arabe, le verbe (الفعل) se divise en 2 (ثلاثيّ ورباعيّ), du point de vue du nombre de lettres de sa racine, chacun des 2 pouvant être **sans ajout** ou **avec ajout** (مجرّد ومزيد) :

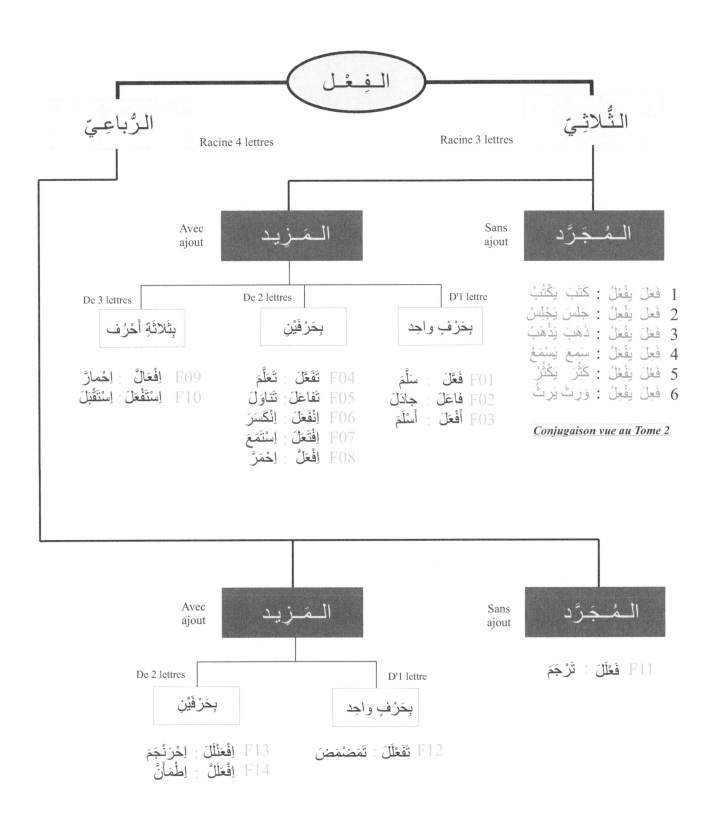

البابُ الأَوَّل

M01	فَعَّلَ يُفَعِّلُ				
	الْماضِي	الْمُضارِعُ الْمَرْفُوعُ	الْمُضارِعُ الْمَنْصُوبُ	الْمُضارِعُ الْمَجْزُومُ	الأَمْرُ
أنا	سَجَّلْتُ	أُسَجِّلُ	أُسَجِّلَ	أُسَجِّلْ	
نحن	سَجَّلْنَا	نُسَجِّلُ	نُسَجِّلَ	نُسَجِّلْ	
أنتَ	سَجَّلْتَ	تُسَجِّلُ	تُسَجِّلَ	تُسَجِّلْ	سَجِّلْ
أنتِ	سَجَّلْتِ	تُسَجِّلِينَ	تُسَجِّلِي	تُسَجِّلِي	سَجِّلِي
أنتما	سَجَّلْتُمَا	تُسَجِّلَانِ	تُسَجِّلَا	تُسَجِّلَا	سَجِّلَا
أنتم	سَجَّلْتُمْ	تُسَجِّلُونَ	تُسَجِّلُوا	تُسَجِّلُوا	سَجِّلُوا
أنتنّ	سَجَّلْتُنَّ	تُسَجِّلْنَ	تُسَجِّلْنَ	تُسَجِّلْنَ	سَجِّلْنَ
هو	**سَجَّلَ**	**يُسَجِّلُ**	يُسَجِّلَ	يُسَجِّلْ	
هي	سَجَّلَتْ	تُسَجِّلُ	تُسَجِّلَ	تُسَجِّلْ	
هما	سَجَّلَا	يُسَجِّلَانِ	يُسَجِّلَا	يُسَجِّلَا	
هما	سَجَّلَتَا	تُسَجِّلَانِ	تُسَجِّلَا	تُسَجِّلَا	
هم	سَجَّلُوا	يُسَجِّلُونَ	يُسَجِّلُوا	يُسَجِّلُوا	
هنّ	سَجَّلْنَ	يُسَجِّلْنَ	يُسَجِّلْنَ	يُسَجِّلْنَ	

البابُ الأَوَّل

001	فَعَّلَ يُفَعِّلُ				
	الْماضِي	الْمُضارِعُ الْمَرْفُوعُ	الْمُضارِعُ الْمَنْصُوبُ	الْمُضارِعُ الْمَجْزُومُ	الأَمْرُ
أنا					
نحن					
أنتَ					
أنتِ					
أنتما					
أنتم					
أنتنّ					
هو	رَتَّبَ	يُرَتِّبُ			
هي					
هما					
هما					
هم					
هنّ					

البابُ الأوَّل

002 فَعَّلَ يُفَعِّلُ

	الْماضِي	الْمُضارِعُ الْمَرْفُوعُ	الْمُضارِعُ الْمَنْصُوبُ	الْمُضارِعُ الْمَجْزُومُ	الأَمْرُ
أنا					
نحن					
أنتَ					
أنتِ					
أنتما					
أنتم					
أنتنّ					
هو	دَرَّسَ	يُدَرِّسُ			
هي					
هما					
هما					
هم					
هنّ					

البابُ الأَوَّل

003	فَعَّلَ يُفَعِّلُ				
	الْماضِي	الْمُضارِعُ الْمَرْفُوعُ	الْمُضارِعُ الْمَنْصُوب	الْمُضارِعُ الْمَجْزُوم	الأَمْرُ
أنا					
نحن					
أنتَ					
أنتِ					
أنتما					
أنتم					
أنتنّ					
هو	هَنَّأَ	يُهَنِّئُ			
هي					
هما					
هما					
هم					
هنّ					

البابُ الأَوَّل

004 فَعَّلَ يُفَعِّلُ

	الماضِي	الْمُضارِعُ الْمَرْفُوعُ	الْمُضارِعُ الْمَنْصُوبُ	الْمُضارِعُ الْمَجْزُومُ	الأَمْرُ
أنا					
نحن					
أنتَ					
أنتِ					
أنتما					
أنتم					
أنتنّ					
هو	كَرَّرَ	يُكَرِّرُ			
هي					
هما					
هما					
هم					
هنّ					

البابُ الأَوَّل

005	فَعَّلَ يُفَعِّلُ				
	الْماضي	الْمُضارِعُ الْمَرْفوع	الْمُضارِعُ الْمَنْصوبُ	الْمُضارِعُ الْمَجْزوم	الأَمْرُ
أنا					
نحن					
أنتَ					
أنتِ					
أنتما					
أنتم					
أنتنّ					
هو	وَزَّعَ	يُوَزِّعُ			
هي					
هما					
هما					
هم					
هنّ					

البابُ الأَوَّل

006	فَعَّلَ يُفَعِّلُ				
	الْماضي	الْمُضارِعُ الْمَرْفوعُ	الْمُضارِعُ الْمَنْصوبُ	الْمُضارِعُ الْمَجْزومُ	الْأَمْرُ
أنا					
نحن					
أنتَ					
أنتِ					
أنتما					
أنتم					
أنتنّ					
هو	يَسَّرَ	يُيَسِّرُ			
هي					
هما					
هما					
هم					
هنّ					

الْبابُ الأَوَّل

007 فَعَّلَ يُفَعِّلُ

	الْماضي	الْمُضارِعُ الْمَرْفُوع	الْمُضارِعُ الْمَنْصُوبُ	الْمُضارِعُ الْمَجْزُومُ	الْأَمْرُ
أنا					
نحن					
أنتَ					
أنتِ					
أنتما					
أنتم					
أنتنّ					
هو	جَوَّدَ	يُجَوِّدُ			
هي					
هما					
هما					
هم					
هنّ					

البابُ الأَوَّل

008	فَعَّلَ يُفَعِّلُ			
	الْماضِي	الْمُضارِعُ الْمَرْفُوعُ	الْمُضارِعُ الْمَنْصُوبُ	الْمُضارِعُ الْمَجْزُومُ	الأَمْرُ
أنا					
نحن					
أنتَ					
أنتِ					
أنتما					
أنتم					
أنتنّ					
هو	ضَيَّعَ	يُضَيِّعُ			
هي					
هما					
هما					
هم					
هنّ					

البـابُ الأَوَّل

M02 فَعَّلَ يُفَعِّلُ

	الْماضِي	الْمُضارِعُ الْمَرْفوعُ	الْمُضارِعُ الْمَنْصُوبُ	الْمُضارِعُ الْمَجْزُومُ	الأَمْرُ
أنا	سَمَّيْتُ	أُسَمِّي	أُسَمِّيَ	أُسَمِّ	
نحن	سَمَّيْنَا	نُسَمِّي	نُسَمِّيَ	نُسَمِّ	
أنتَ	سَمَّيْتَ	تُسَمِّي	تُسَمِّيَ	تُسَمِّ	سَمِّ
أنتِ	سَمَّيْتِ	تُسَمِّينَ	تُسَمِّي	تُسَمِّي	سَمِّي
أنتما	سَمَّيْتُمَا	تُسَمِّيَانِ	تُسَمِّيَا	تُسَمِّيَا	سَمِّيَا
أنتم	سَمَّيْتُمْ	تُسَمُّونَ	تُسَمُّوا	تُسَمُّوا	سَمُّوا
أنتنّ	سَمَّيْتُنَّ	تُسَمِّينَ	تُسَمِّينَ	تُسَمِّينَ	سَمِّينَ
هو	سَمَّى	يُسَمِّي	يُسَمِّيَ	يُسَمِّ	
هي	سَمَّتْ	تُسَمِّي	تُسَمِّيَ	تُسَمِّ	
هما	سَمَّيَا	يُسَمِّيَانِ	يُسَمِّيَا	يُسَمِّيَا	
هما	سَمَّتَا	تُسَمِّيَانِ	تُسَمِّيَا	تُسَمِّيَا	
هم	سَمَّوْا	يُسَمُّونَ	يُسَمُّوا	يُسَمُّوا	
هنّ	سَمَّيْنَ	يُسَمِّينَ	يُسَمِّينَ	يُسَمِّينَ	

البابُ الأَوَّل

009	فَعَّلَ يُفَعِّلُ				
	الْماضي	الْمُضارِعُ الْمَرْفُوعُ	الْمُضارِعُ الْمَنْصُوبُ	الْمُضارِعُ الْمَجْزُومُ	الأَمْرُ
أنا					
نحن					
أنتَ					
أنتِ					
أنتما					
أنتم					
أنتنّ					
هو	رَبَّى	يُرَبِّي			
هي					
هما					
هما					
هم					
هنّ					

البابُ الأَوَّل

010	فَعَّلَ يُفَعِّلُ				
	الْماضي	الْمُضارِعُ الْمَرْفوعُ	الْمُضارِعُ الْمَنْصوبُ	الْمُضارِعُ الْمَجْزومُ	الْأَمْرُ
أنا					
نحن					
أنتَ					
أنتِ					
أنتما					
أنتم					
أنتنّ					
هو	صَلَّى	يُصَلِّي			
هي					
هما					
هما					
هم					
هنّ					

البابُ الأَوَّل

011	فَعَّلَ يُفَعِّلُ				
	الْماضِي	الْمُضارِعُ الْمَرْفُوعُ	الْمُضارِعُ الْمَنْصُوبُ	الْمُضارِعُ الْمَجْزُومُ	الأَمْرُ
أنا					
نحن					
أنتَ					
أنتِ					
أنتما					
أنتم					
أنتنّ					
هو	قَوَّى	يُقَوِّي			
هي					
هما					
هما					
هم					
هنّ					

البـابُ الأَوَّل

012	فَـعَّلَ يُـفَـعِّلُ				
	الْماضِي	الْمُضارِعُ الْمَرْفُوعُ	الْمُضارِعُ الْمَنْصُوبُ	الْمُضارِعُ الْمَجْزُومُ	الأَمْرُ
أنا					
نحن					
أنتَ					
أنتِ					
أنتما					
أنتم					
أنتنّ					
هو	وَصَّـى	يُـوَصِّـي			
هي					
هما					
هما					
هم					
هنّ					

البابُ الثّانِي

M03	فَاعَلَ يُفَاعِلُ				
	الْمَاضِي	الْمُضارِعُ الْمَرْفُوعُ	الْمُضارِعُ الْمَنْصُوبُ	الْمُضارِعُ الْمَجْزُومُ	الأَمْرُ
أنا	حَاوَلْتُ	أُحَاوِلُ	أُحَاوِلَ	أُحَاوِلْ	
نحن	حَاوَلْنَا	نُحَاوِلُ	نُحَاوِلَ	نُحَاوِلْ	
أنتَ	حَاوَلْتَ	تُحَاوِلُ	تُحَاوِلَ	تُحَاوِلْ	حَاوِلْ
أنتِ	حَاوَلْتِ	تُحَاوِلِينَ	تُحَاوِلِي	تُحَاوِلِي	حَاوِلِي
أنتما	حَاوَلْتُمَا	تُحَاوِلَانِ	تُحَاوِلَا	تُحَاوِلَا	حَاوِلَا
أنتم	حَاوَلْتُمْ	تُحَاوِلُونَ	تُحَاوِلُوا	تُحَاوِلُوا	حَاوِلُوا
أنتنّ	حَاوَلْتُنَّ	تُحَاوِلْنَ	تُحَاوِلْنَ	تُحَاوِلْنَ	حَاوِلْنَ
هو	**حَاوَلَ**	**يُحَاوِلُ**	يُحَاوِلَ	يُحَاوِلْ	
هي	حَاوَلَتْ	تُحَاوِلُ	تُحَاوِلَ	تُحَاوِلْ	
هما	حَاوَلَا	يُحَاوِلَانِ	يُحَاوِلَا	يُحَاوِلَا	
هما	حَاوَلَتَا	تُحَاوِلَانِ	تُحَاوِلَا	تُحَاوِلَا	
هم	حَاوَلُوا	يُحَاوِلُونَ	يُحَاوِلُوا	يُحَاوِلُوا	
هنّ	حَاوَلْنَ	يُحَاوِلْنَ	يُحَاوِلْنَ	يُحَاوِلْنَ	

البابُ الثّاني

013	فَاعَلَ يُفَاعِلُ				
	الْماضي	الْمُضارِعُ الْمَرْفُوعُ	الْمُضارِعُ الْمَنْصُوبُ	الْمُضارِعُ الْمَجْزُومُ	الْأَمْرُ
أنا					
نحن					
أنتَ					
أنتِ					
أنتما					
أنتم					
أنتنّ					
هو	سَاعَدَ	يُسَاعِدُ			
هي					
هما					
هما					
هم					
هنّ					

الـبـابُ الثّـانِي

014 فَـاعَـلَ يُـفـاعِـلُ

	الْماضِي	الْمُضارِعُ الْمَرْفُوعُ	الْمُضارِعُ الْمَنْصُوبُ	الْمُضارِعُ الْمَجْزُومُ	الأَمْرُ
أنا					
نحن					
أنتَ					
أنتِ					
أنتما					
أنتم					
أنتنّ					
هو	رَاجَعَ	يُـرَاجِـعُ			
هي					
هما					
هما					
هم					
هنّ					

البابُ الثّانِي

015	فَاعَلَ يُفَاعِلُ				
	الْماضِي	الْمُضارِعُ الْمَرْفُوعُ	الْمُضارِعُ الْمَنْصُوبُ	الْمُضارِعُ الْمَجْزُومُ	الأَمْرُ
أنا					
نحن					
أنتَ					آخِذْ
أنتِ					
أنتما					
أنتم					
أنتنّ					
هو	آخَذَ	يُؤَاخِذُ			
هي					
هما					
هما					
هم					
هنّ					

البابُ الثّانِي

016	فَاعَلَ يُفاعِلُ				
	الْماضي	الْمُضارِعُ الْمَرْفُوعُ	الْمُضارِعُ الْمَنْصُوبُ	الْمُضارِعُ الْمَجْزُومُ	الأَمْرُ
أنا					
نحن					
أنتَ					
أنتِ					
أنتما					
أنتم					
أنتنّ					
هو	آكَلَ	يُؤَاكِلُ			
هي					
هما					
هما					
هم					
هنّ					

البابُ الثّانِي

017 فَاعَلَ يُفَاعِلُ

	الْماضِي	الْمُضارِعُ الْمَرْفُوعُ	الْمُضارِعُ الْمَنْصُوبُ	الْمُضارِعُ الْمَجْزُومُ	الْأَمْرُ
أنا					
نحن					
أنتَ					
أنتِ					
أنتما					
أنتم					
أنتنّ					
هو	وَاصَلَ	يُوَاصِلُ			
هي					
هما					
هما					
هم					
هنّ					

البابُ الثّانِي

018	فَاعَلَ يُفاعِلُ				
	الْماضِي	الْمُضارِعُ الْمَرْفُوعُ	الْمُضارِعُ الْمَنْصُوبُ	الْمُضارِعُ الْمَجْزُومُ	الأَمْرُ
أنا					
نحن					
أنتَ					
أنتِ					
أنتما					
أنتم					
أنتنّ					
هو	يَاسَرَ	يُيَاسِرُ			
هي					
هما					
هما					
هم					
هنّ					

البـابُ الثّـانِي

019			فَـاعَـلَ يُـفَـاعِـلُ		
	الْماضِي	الْمُضارِعُ الْمَرْفُوعُ	الْمُضارِعُ الْمَنْصُوبُ	الْمُضارِعُ الْمَجْزُومُ	الأَمْرُ
أنا					
نحن					
أنتَ					
أنتِ					
أنتما					
أنتم					
أنتنّ					
هو	قَـاوَمَ	يُـقَـاوِمُ			
هي					
هما					
هما					
هم					
هنّ					

البابُ الثّانِي

020	فَاعَلَ يُفاعِلُ				
	الْماضي	الْمُضارِعُ الْمَرْفُوعُ	الْمُضارِعُ الْمَنْصُوبُ	الْمُضارِعُ الْمَجْزُومُ	الْأَمْرُ
أنا					
نحن					
أنتَ					
أنتِ					
أنتما					
أنتم					
أنتنّ					
هو	بَايَعَ	يُبَايِعُ			
هي					
هما					
هما					
هم					
هنّ					

البابُ الثّانِي

M04	فَاعَلَ يُفَاعِلُ				
	الْماضِي	الْمُضارِعُ الْمَرْفُوعُ	الْمُضارِعُ الْمَنْصُوبُ	الْمُضارِعُ الْمَجْزُومُ	الْأَمْرُ
أنا	حَادَدْتُ	أُحَادُّ	أُحَادَّ	أُحَادَّ	
نحن	حَادَدْنَا	نُحَادُّ	نُحَادَّ	نُحَادَّ	
أنتَ	حَادَدْتَ	تُحَادُّ	تُحَادَّ	تُحَادَّ	حَادَّ
أنتِ	حَادَدْتِ	تُحَادِّينَ	تُحَادِّي	تُحَادِّي	حَادِّي
أنتما	حَادَدْتُمَا	تُحَادَّانِ	تُحَادَّا	تُحَادَّا	حَادَّا
أنتم	حَادَدْتُمْ	تُحَادُّونَ	تُحَادُّوا	تُحَادُّوا	حَادُّوا
أنتنّ	حَادَدْتُنَّ	تُحَادِدْنَ	تُحَادِدْنَ	تُحَادِدْنَ	حَادِدْنَ
هو	حَادَّ	يُحَادُّ	يُحَادَّ	يُحَادَّ	
هي	حَادَّتْ	تُحَادُّ	تُحَادَّ	تُحَادَّ	
هما	حَادَّا	يُحَادَّانِ	يُحَادَّا	يُحَادَّا	
هما	حَادَّتَا	تُحَادَّانِ	تُحَادَّا	تُحَادَّا	
هم	حَادُّوا	يُحَادُّونَ	يُحَادُّوا	يُحَادُّوا	
هنّ	حَادَدْنَ	يُحَادِدْنَ	يُحَادِدْنَ	يُحَادِدْنَ	

البابُ الثّاني

021	فَاعَلَ يُفَاعِلُ				
	الْماضِي	الْمُضارِعُ الْمَرْفُوعُ	الْمُضارِعُ الْمَنْصُوبُ	الْمُضارِعُ الْمَجْزُومُ	الأَمْرُ
أنا					
نحن					
أنتَ					
أنتِ					
أنتما					
أنتم					
أنتنّ					
هو	شَاقَّ	يُشَاقُّ			
هي					
هما					
هما					
هم					
هنّ					

البابُ الثّانِي

					022 فَاعَلَ يُفَاعِلُ
الْأَمْرُ	الْمُضارِعُ الْمَجْزُومُ	الْمُضارِعُ الْمَنْصُوبُ	الْمُضارِعُ الْمَرْفُوعُ	الْماضِي	
					أنا
					نحن
					أنتَ
					أنتِ
					أنتما
					أنتم
					أنتنّ
			يُحَاجُّ	حَاجَّ	هو
					هي
					هما
					هما
					هم
					هنّ

البابُ الثّاني

M05	فَاعَلَ يُفَاعِلُ				
	الْماضي	الْمُضارِعُ الْمَرْفوعُ	الْمُضارِعُ الْمَنْصوبُ	الْمُضارِعُ الْمَجْزومُ	الْأَمْرُ
أنا	نَادَيْتُ	أُنَادِي	أُنَادِيَ	أُنَادِ	
نحن	نَادَيْنَا	نُنَادِي	نُنَادِيَ	نُنَادِ	
أنتَ	نَادَيْتَ	تُنَادِي	تُنَادِيَ	تُنَادِ	نَادِ
أنتِ	نَادَيْتِ	تُنَادِينَ	تُنَادِي	تُنَادِي	نَادِي
أنتما	نَادَيْتُمَا	تُنَادِيَانِ	تُنَادِيَا	تُنَادِيَا	نَادِيَا
أنتم	نَادَيْتُمْ	تُنَادُونَ	تُنَادُوا	تُنَادُوا	نَادُوا
أنتنّ	نَادَيْتُنَّ	تُنَادِينَ	تُنَادِينَ	تُنَادِينَ	نَادِينَ
هو	نَادَى	يُنَادِي	يُنَادِيَ	يُنَادِ	
هي	نَادَتْ	تُنَادِي	تُنَادِيَ	تُنَادِ	
هما	نَادَيَا	يُنَادِيَانِ	يُنَادِيَا	يُنَادِيَا	
هما	نَادَتَا	تُنَادِيَانِ	تُنَادِيَا	تُنَادِيَا	
هم	نَادَوْا	يُنَادُونَ	يُنَادُوا	يُنَادُوا	
هنّ	نَادَيْنَ	يُنَادِينَ	يُنَادِينَ	يُنَادِينَ	

البابُ الثّانِي

023 فَاعَلَ يُفَاعِلُ

	الْماضِي	الْمُضارِعُ الْمَرْفُوعُ	الْمُضارِعُ الْمَنْصُوبُ	الْمُضارِعُ الْمَجْزُومُ	الْأَمْرُ
أنا					
نحن					
أنتَ					
أنتِ					
أنتما					
أنتم					
أنتنّ					
هو	لَاقَى	يُلَاقِي			
هي					
هما					
هما					
هم					
هنّ					

البابُ الثّاني

024 فَاعَلَ يُفَاعِلُ

	الْماضي	الْمُضارِعُ الْمَرْفُوع	الْمُضارِعُ الْمَنْصُوبُ	الْمُضارِعُ الْمَجْزُومُ	الأَمْرُ
أنا					
نحن					
أنتَ					
أنتِ					
أنتما					
أنتم					
أنتنّ					
هو	بَارَى	يُبَارِي			
هي					
هما					
هما					
هم					
هنّ					

البابُ الثّاني

025	فَاعَلَ يُفَاعِلُ				
	الْماضِي	الْمُضارِعُ الْمَرْفُوعُ	الْمُضارِعُ الْمَنْصُوبُ	الْمُضارِعُ الْمَجْزُومُ	الأَمْرُ
أنا					
نحن					
أنتَ					
أنتِ					
أنتما					
أنتم					
أنتنّ					
هو	وَالَى	يُوَالِي			
هي					
هما					
هما					
هم					
هنّ					

البابُ الثّاني

026	فَاعَلَ يُفاعِلُ				
	الْماضي	الْمُضارِعُ الْمَرْفُوعُ	الْمُضارِعُ الْمَنْصُوبُ	الْمُضارِعُ الْمَجْزُومُ	الْأَمْرُ
أنا					
نحن					
أنتَ					
أنتِ					
أنتما					
أنتم					
أنتنّ					
هو	يَادَى	يُيَادِي			
هي					
هما					
هما					
هم					
هنّ					

الباب الثّالِث

M06	أَفْعَلَ يُفْعِلُ				
	الْماضِي	الْمُضارِعُ الْمَرْفُوعُ	الْمُضارِعُ الْمَنْصُوبُ	الْمُضارِعُ الْمَجْزُومُ	الْأَمْرُ
أنا	أَرْسَلْتُ	أُرْسِلُ	أُرْسِلَ	أُرْسِلْ	
نحن	أَرْسَلْنَا	نُرْسِلُ	نُرْسِلَ	نُرْسِلْ	
أنتَ	أَرْسَلْتَ	تُرْسِلُ	تُرْسِلَ	تُرْسِلْ	أَرْسِلْ
أنتِ	أَرْسَلْتِ	تُرْسِلِينَ	تُرْسِلِي	تُرْسِلِي	أَرْسِلِي
أنتما	أَرْسَلْتُمَا	تُرْسِلَانِ	تُرْسِلَا	تُرْسِلَا	أَرْسِلَا
أنتم	أَرْسَلْتُمْ	تُرْسِلُونَ	تُرْسِلُوا	تُرْسِلُوا	أَرْسِلُوا
أنتنّ	أَرْسَلْتُنَّ	تُرْسِلْنَ	تُرْسِلْنَ	تُرْسِلْنَ	أَرْسِلْنَ
هو	**أَرْسَلَ**	**يُرْسِلُ**	يُرْسِلَ	يُرْسِلْ	
هي	أَرْسَلَتْ	تُرْسِلُ	تُرْسِلَ	تُرْسِلْ	
هما	أَرْسَلَا	يُرْسِلَانِ	يُرْسِلَا	يُرْسِلَا	
هما	أَرْسَلَتَا	تُرْسِلَانِ	تُرْسِلَا	تُرْسِلَا	
هم	أَرْسَلُوا	يُرْسِلُونَ	يُرْسِلُوا	يُرْسِلُوا	
هنّ	أَرْسَلْنَ	يُرْسِلْنَ	يُرْسِلْنَ	يُرْسِلْنَ	

البابُ الثَّالِث

الأَمْرُ	المُضارِعُ المَجْزُومُ	المُضارِعُ المَنْصُوبُ	المُضارِعُ المَرْفُوعُ	المَاضِي	
					أنا
					نحن
					أنتَ
					أنتِ
					أنتما
					أنتم
					أنتنّ
			يُخْبِرُ	أَخْبَرَ	هو
					هي
					هما
					هما
					هم
					هنّ

أَفْعَلَ يُفْعِلُ — 027

البابُ الثّالِث

028	أَفْعَلَ يُفْعِلُ				
	الْماضِي	الْمُضارِعُ الْمَرْفُوعُ	الْمُضارِعُ الْمَنْصُوبُ	الْمُضارِعُ الْمَجْزُومُ	الأَمْرُ
أنا					
نحن					
أنتَ					
أنتِ					
أنتما					
أنتم					
أنتنّ					
هو	أَغْلَقَ	يُغْلِقُ			
هي					
هما					
هما					
هم					
هنّ					

البابُ الثّالِث

029	أَفْعَلَ يُفْعِلُ				
	الْماضي	الْمُضارِعُ الْمَرْفوعُ	الْمُضارِعُ الْمَنْصوبُ	الْمُضارِعُ الْمَجْزومُ	الأَمْرُ
أنا					
نحن					
أنتَ					آمِنْ
أنتِ					
أنتما					
أنتم					
أنتنّ					
هو	آمَنَ	يُؤْمِنُ			
هي					
هما					
هما					
هم					
هنّ					

البابُ الثّالِث

030 أَفْعَلَ يُفْعِلُ

	الْماضي	الْمُضارِعُ الْمَرْفُوعُ	الْمُضارِعُ الْمَنْصُوبُ	الْمُضارِعُ الْمَجْزُومُ	الْأَمْرُ
أنا					
نحن					
أنتَ					
أنتِ					
أنتما					
أنتم					
أنتنّ					
هو	أَطْفَأَ	يُطْفِئُ			
هي					
هما					
هما					
هم					
هنّ					

البابُ الثّالِث

031	أَفْعَلَ يُفْعِلُ				
	الْماضي	الْمُضارِعُ الْمَرْفوع	الْمُضارِعُ الْمَنْصوبُ	الْمُضارِعُ الْمَجْزُومُ	الأَمْرُ
أنا					
نحن					
أنتَ					
أنتِ					
أنتما					
أنتم					
أنتنّ					
هو	أَوْجَبَ	يُوجِبُ			
هي					
هما					
هما					
هم					
هنّ					

البابُ الثّالِث

032	أَفْعَلَ يُفْعِلُ				
	الْماضِي	الْمُضارِعُ الْمَرْفُوعُ	الْمُضارِعُ الْمَنْصُوبُ	الْمُضارِعُ الْمَجْزُومُ	الأَمْرُ
أنا					
نحن					
أنتَ					
أنتِ					
أنتما					
أنتم					
أنتنّ					
هو	أَوْجَعَ	يُوجِعُ			
هي					
هما					
هما					
هم					
هنّ					

البابُ الثّالِث

033	أَفْعَلَ يُفْعِلُ				
	الْماضي	الْمُضارِعُ الْمَرْفُوعُ	الْمُضارِعُ الْمَنْصُوبُ	الْمُضارِعُ الْمَجْزُومُ	الأَمْرُ
أنا					
نحن					
أنتَ					أَيْقِظْ
أنتِ					
أنتما					
أنتم					
أنتنّ					
هو	أَيْقَظَ	يُوقِظُ			
هي					
هما					
هما					
هم					
هنّ					

البابُ الثّالِث

034	أَفْعَلَ يُفْعِلُ				
	الْماضِي	الْمُضارِعُ الْمَرْفُوعُ	الْمُضارِعُ الْمَنْصُوبُ	الْمُضارِعُ الْمَجْزُومُ	الْأَمْرُ
أنا					
نحن					
أنتَ					أَيْقِنْ
أنتِ					
أنتما					
أنتم					
أنتنّ					
هو	أَيْقَنَ	يُوقِنُ			
هي					
هما					
هما					
هم					
هنّ					

البابُ الثّالِث

M07	أَفْعَلَ يُفْعِلُ				
	الْماضي	الْمُضارِعُ الْمَرْفوعُ	الْمُضارِعُ الْمَنْصوبُ	الْمُضارِعُ الْمَجْزومُ	الأَمْرُ
أنا	أَعْدَدْتُ	أُعِدُّ	أُعِدَّ	أُعِدَّ	
نحن	أَعْدَدْنَا	نُعِدُّ	نُعِدَّ	نُعِدَّ	
أنتَ	أَعْدَدْتَ	تُعِدُّ	تُعِدَّ	تُعِدَّ	أَعِدَّ
أنتِ	أَعْدَدْتِ	تُعِدِّينَ	تُعِدِّي	تُعِدِّي	أَعِدِّي
أنتما	أَعْدَدْتُمَا	تُعِدَّانِ	تُعِدَّا	تُعِدَّا	أَعِدَّا
أنتم	أَعْدَدْتُمْ	تُعِدُّونَ	تُعِدُّوا	تُعِدُّوا	أَعِدُّوا
أنتنّ	أَعْدَدْتُنَّ	تُعْدِدْنَ	تُعْدِدْنَ	تُعْدِدْنَ	أَعْدِدْنَ
هو	أَعَدَّ	يُعِدُّ	يُعِدَّ	يُعِدَّ	
هي	أَعَدَّتْ	تُعِدُّ	تُعِدَّ	تُعِدَّ	
هما	أَعَدَّا	يُعِدَّانِ	يُعِدَّا	يُعِدَّا	
هما	أَعَدَّتَا	تُعِدَّانِ	تُعِدَّا	تُعِدَّا	
هم	أَعَدُّوا	يُعِدُّونَ	يُعِدُّوا	يُعِدُّوا	
هنّ	أَعْدَدْنَ	يُعْدِدْنَ	يُعْدِدْنَ	يُعْدِدْنَ	

البابُ الثّالِث

035	أَفْعَلَ يُفْعِلُ				
	الْماضِي	الْمُضارِعُ الْمَرْفُوع	الْمُضارِعُ الْمَنْصُوبُ	الْمُضارِعُ الْمَجْزُوم	الْأَمْرُ
أنا					
نحن					
أنتَ					
أنتِ					
أنتما					
أنتم					
أنتنّ					
هو	أَطَلَّ	يُطِلُّ			
هي					
هما					
هما					
هم					
هنّ					

الـبـابُ الثّـالِـث

036 — **أَفْعَلَ يُفْعِلُ**

	الْماضي	الْمُضارِعُ الْمَرْفوعُ	الْمُضارِعُ الْمَنْصوبُ	الْمُضارِعُ الْمَجْزومُ	الأَمْرُ
أنا					
نحن					
أنتَ					
أنتِ					
أنتما					
أنتم					
أنتنّ					
هو	أَمَدَّ	يُمِدُّ			
هي					
هما					
هما					
هم					
هنّ					

البابُ الثّالِث

M08	أَفْعَلَ يُفْعِلُ				
	الْماضِي	الْمُضارِعُ الْمَرْفُوعُ	الْمُضارِعُ الْمَنْصُوبُ	الْمُضارِعُ الْمَجْزُومُ	الأَمْرُ
أنا	أَقَمْتُ	أُقِيمُ	أُقِيمَ	أُقِمْ	
نحن	أَقَمْنَا	نُقِيمُ	نُقِيمَ	نُقِمْ	
أنتَ	أَقَمْتَ	تُقِيمُ	تُقِيمَ	تُقِمْ	أَقِمْ
أنتِ	أَقَمْتِ	تُقِيمِينَ	تُقِيمِي	تُقِيمِي	أَقِيمِي
أنتما	أَقَمْتُمَا	تُقِيمَانِ	تُقِيمَا	تُقِيمَا	أَقِيمَا
أنتم	أَقَمْتُمْ	تُقِيمُونَ	تُقِيمُوا	تُقِيمُوا	أَقِيمُوا
أنتنّ	أَقَمْتُنَّ	تُقِمْنَ	تُقِمْنَ	تُقِمْنَ	أَقِمْنَ
هو	أَقَامَ	يُقِيمُ	يُقِيمَ	يُقِمْ	
هي	أَقَامَتْ	تُقِيمُ	تُقِيمَ	تُقِمْ	
هما	أَقَامَا	يُقِيمَانِ	يُقِيمَا	يُقِيمَا	
هما	أَقَامَتَا	تُقِيمَانِ	تُقِيمَا	تُقِيمَا	
هم	أَقَامُوا	يُقِيمُونَ	يُقِيمُوا	يُقِيمُوا	
هنّ	أَقَمْنَ	يُقِمْنَ	يُقِمْنَ	يُقِمْنَ	

البابُ الثّالِث

037	أَفْعَلَ يُفْعِلُ				
	الْماضي	الْمُضارِعُ الْمرْفوع	الْمُضارِعُ الْمَنْصوبُ	الْمُضارِعُ الْمَجْزُومُ	الأَمْرُ
أنا					
نحن					
أنتَ					
أنتِ					
أنتما					
أنتم					
أنتنّ					
هو	أَعَانَ	يُعِينُ			
هي					
هما					
هما					
هم					
هنّ					

الْبابُ الثّالِث

038	أَفْعَلَ يُفْعِلُ				
	الْماضِي	الْمُضارِعُ الْمَرْفُوع	الْمُضارِعُ الْمَنْصُوب	الْمُضارِعُ الْمَجْزُوم	الْأَمْر
أنا					
نحن					
أنتَ					
أنتِ					
أنتما					
أنتم					
أنتنّ					
هو	أَثَابَ	يُثِيبُ			
هي					
هما					
هما					
هم					
هنّ					

البابُ الثّالِث

039	أَفْعَلَ يُفْعِلُ				
	الْماضي	الْمُضارِعُ الْمَرْفُوعُ	الْمُضارِعُ الْمَنْصوبُ	الْمُضارِعُ الْمَجْزومُ	الأَمْرُ
أنا					
نحن					
أنتَ					
أنتِ					
أنتما					
أنتم					
أنتنّ					
هو	أَبَاعَ	يُبِيعُ			
هي					
هما					
هما					
هم					
هنّ					

البابُ الثّالِث

M09	أَفْعَلَ يُفْعِلُ				
	الْماضي	الْمُضارِعُ الْمَرْفوعُ	الْمُضارِعُ الْمَنْصوبُ	الْمُضارِعُ الْمَجْزومُ	الأَمْرُ
أنا	أَعْطَيْتُ	أُعْطِي	أُعْطِيَ	أُعْطِ	
نحن	أَعْطَيْنَا	نُعْطِي	نُعْطِيَ	نُعْطِ	
أنتَ	أَعْطَيْتَ	تُعْطِي	تُعْطِيَ	تُعْطِ	أَعْطِ
أنتِ	أَعْطَيْتِ	تُعْطِينَ	تُعْطِي	تُعْطِي	أَعْطِي
أنتما	أَعْطَيْتُمَا	تُعْطِيَانِ	تُعْطِيَا	تُعْطِيَا	أَعْطِيَا
أنتم	أَعْطَيْتُمْ	تُعْطُونَ	تُعْطُوا	تُعْطُوا	أَعْطُوا
أنتنّ	أَعْطَيْتُنَّ	تُعْطِينَ	تُعْطِينَ	تُعْطِينَ	أَعْطِينَ
هو	أَعْطَى	يُعْطِي	يُعْطِيَ	يُعْطِ	
هي	أَعْطَتْ	تُعْطِي	تُعْطِيَ	تُعْطِ	
هما	أَعْطَيَا	يُعْطِيَانِ	يُعْطِيَا	يُعْطِيَا	
هما	أَعْطَتَا	تُعْطِيَانِ	تُعْطِيَا	تُعْطِيَا	
هم	أَعْطَوْا	يُعْطُونَ	يُعْطُوا	يُعْطُوا	
هنّ	أَعْطَيْنَ	يُعْطِينَ	يُعْطِينَ	يُعْطِينَ	

البابُ الثّالِث

040 أَفْعَلَ يُفْعِلُ

	الْماضِي	الْمُضارِعُ الْمَرْفوعُ	الْمُضارِعُ الْمَنْصوبُ	الْمُضارِعُ الْمَجْزومُ	الأَمْرُ
أنا					
نحن					
أنتَ					
أنتِ					
أنتما					
أنتم					
أنتنّ					
هو	أَلْقَى	يُلْقِي			
هي					
هما					
هما					
هم					
هنّ					

البابُ الثّالِث

041	أَفْعَلَ يُفْعِلُ				
	الْماضي	الْمُضارِعُ الْمَرْفُوعُ	الْمُضارِعُ الْمَنْصُوبُ	الْمُضارِعُ الْمَجْزُومُ	الأَمْرُ
أنا					
نحن					
أنتَ					
أنتِ					
أنتما					
أنتم					
أنتنّ					
هو	أَثْنَى	يُثْنِي			
هي					
هما					
هما					
هم					
هنّ					

البابُ الثّالِث

042		أَفْعَلَ يُفْعِلُ			
	الْماضي	الْمُضارِعُ الْمَرْفُوعُ	الْمُضارِعُ الْمَنْصُوبُ	الْمُضارِعُ الْمَجْزُومُ	الْأَمْرُ
أنا					
نحن					
أنتَ					أَوْمِ
أنتِ					
أنتما					
أنتم					
أنتنّ					
هو	أَوْمَى	يُومِي			
هي					
هما					
هما					
هم					
هنّ					

البابُ الثّالِث

043	أَفْعَلَ يُفْعِلُ				
	الْماضي	الْمُضارِعُ الْمَرْفُوعُ	الْمُضارِعُ الْمَنْصُوبُ	الْمُضارِعُ الْمَجْزُومُ	الْأَمْرُ
أنا					
نحن					
أنتَ					أَيْدِ
أنتِ					
أنتما					
أنتم					
أنتنّ					
هو	أَيْدَى	يُودِي			
هي					
هما					
هما					
هم					
هنّ					

البابُ الرابِع

M10	تَفَعَّلَ يَتَفَعَّلُ				
	الْماضي	الْمُضارِعُ الْمَرْفوعُ	الْمُضارِعُ الْمَنْصوبُ	الْمُضارِعُ الْمَجْزُومُ	الأَمْرُ
أنا	تَخَرَّجْتُ	أَتَخَرَّجُ	أَتَخَرَّجَ	أَتَخَرَّجْ	
نحن	تَخَرَّجْنَا	نَتَخَرَّجُ	نَتَخَرَّجَ	نَتَخَرَّجْ	
أنتَ	تَخَرَّجْتَ	تَتَخَرَّجُ	تَتَخَرَّجَ	تَتَخَرَّجْ	تَخَرَّجْ
أنتِ	تَخَرَّجْتِ	تَتَخَرَّجِينَ	تَتَخَرَّجِي	تَتَخَرَّجِي	تَخَرَّجِي
أنتما	تَخَرَّجْتُمَا	تَتَخَرَّجَانِ	تَتَخَرَّجَا	تَتَخَرَّجَا	تَخَرَّجَا
أنتم	تَخَرَّجْتُمْ	تَتَخَرَّجُونَ	تَتَخَرَّجُوا	تَتَخَرَّجُوا	تَخَرَّجُوا
أنتنّ	تَخَرَّجْتُنَّ	تَتَخَرَّجْنَ	تَتَخَرَّجْنَ	تَتَخَرَّجْنَ	تَخَرَّجْنَ
هو	تَخَرَّجَ	يَتَخَرَّجُ	يَتَخَرَّجَ	يَتَخَرَّجْ	
هي	تَخَرَّجَتْ	تَتَخَرَّجُ	تَتَخَرَّجَ	تَتَخَرَّجْ	
هما	تَخَرَّجَا	يَتَخَرَّجَانِ	يَتَخَرَّجَا	يَتَخَرَّجَا	
هما	تَخَرَّجَتَا	تَتَخَرَّجَانِ	تَتَخَرَّجَا	تَتَخَرَّجَا	
هم	تَخَرَّجُوا	يَتَخَرَّجُونَ	يَتَخَرَّجُوا	يَتَخَرَّجُوا	
هنّ	تَخَرَّجْنَ	يَتَخَرَّجْنَ	يَتَخَرَّجْنَ	يَتَخَرَّجْنَ	

البابُ الرابِع

044 — **تَفَعَّلَ يَتَفَعَّلُ**

	الْماضِي	الْمُضارِعُ الْمَرْفُوع	الْمُضارِعُ الْمَنْصُوبُ	الْمُضارِعُ الْمَجْزُومُ	الْأَمْرُ
أنا					
نحن					
أنتَ					
أنتِ					
أنتما					
أنتم					
أنتنّ					
هو	تَسَلَّقَ	يَتَسَلَّقُ			
هي					
هما					
هما					
هم					
هنّ					

البابُ الرابِع

045	تَفَعَّلَ يَتَفَعَّلُ				
	الْماضِي	الْمُضارِعُ الْمَرْفُوعُ	الْمُضارِعُ الْمَنْصُوبُ	الْمُضارِعُ الْمَجْزُومُ	الْأَمْرُ
أنا					
نحن					
أنتَ					
أنتِ					
أنتما					
أنتم					
أنتنّ					
هو	تَنَفَّسَ	يَتَنَفَّسُ			
هي					
هما					
هما					
هم					
هنّ					

البابُ الرابِع

046	الْماضِي	الْمُضارِعُ الْمَرْفُوعُ	الْمُضارِعُ الْمَنْصُوبُ	الْمُضارِعُ الْمَجْزُومُ	الْأَمْرُ
	تَفَعَّلَ يَتَفَعَّلُ				
أنا					
نحن					
أنتَ					
أنتِ					
أنتما					
أنتم					
أنتنّ					
هو	تَوَضَّأَ	يَتَوَضَّأُ			
هي					
هما					
هما					
هم					
هنّ					

الباب الرابِع

047	تَفَعَّلَ يَتَفَعَّلُ				
	الْماضِي	الْمُضارِعُ الْمَرْفُوعُ	الْمُضارِعُ الْمَنْصُوبُ	الْمُضارِعُ الْمَجْزُومُ	الأَمْرُ
أنا					
نحن					
أنتَ					
أنتِ					
أنتما					
أنتم					
أنتنّ					
هو	تَجَسَّسَ	يَتَجَسَّسُ			
هي					
هما					
هما					
هم					
هنّ					

البابُ الرابِع

048	تَفَعَّلَ يَتَفَعَّلُ				
	الْماضِي	الْمُضارِعُ الْمَرْفُوعُ	الْمُضارِعُ الْمَنْصُوبُ	الْمُضارِعُ الْمَجْزُومُ	الْأَمْرُ
أنا					
نحن					
أنتَ					
أنتِ					
أنتما					
أنتم					
أنتنّ					
هو	تَوَكَّلَ	يَتَوَكَّلُ			
هي					
هما					
هما					
هم					
هنّ					

البابُ الرابِع

049	تَفَعَّلَ يَتَفَعَّلُ				
	الْماضي	الْمُضارِعُ الْمَرْفُوع	الْمُضارِعُ الْمَنْصُوب	الْمُضارِعُ الْمَجْزُوم	الأَمْر
أنا					
نحن					
أنتَ					
أنتِ					
أنتما					
أنتم					
أنتنّ					
هو	تَيَقَّنَ	يَتَيَقَّنُ			
هي					
هما					
هما					
هم					
هنّ					

البابُ الرابِع

050 تَفَعَّلَ يَتَفَعَّلُ

	الْماضِي	الْمُضارِعُ الْمَرْفُوعُ	الْمُضارِعُ الْمَنْصُوبُ	الْمُضارِعُ الْمَجْزُومُ	الْأَمْرُ
أنا					
نحن					
أنتَ					
أنتِ					
أنتما					
أنتم					
أنتنّ					
هو	تَذَوَّقَ	يَتَذَوَّقُ			
هي					
هما					
هما					
هم					
هنّ					

البابُ الرابِع

051	تَفَعَّلَ يَتَفَعَّلُ				
	الْماضي	الْمُضارِعُ الْمَرْفوعُ	الْمُضارِعُ الْمَنْصوبُ	الْمُضارِعُ الْمَجْزومُ	الأَمْرُ
أنا					
نحن					
أنتَ					
أنتِ					
أنتما					
أنتم					
أنتنّ					
هو	تَذَيَّلَ	يَتَذَيَّلُ			
هي					
هما					
هما					
هم					
هنّ					

البابُ الرابِع

تَفَعَّلَ يَتَفَعَّلُ M11

	الْماضِي	الْمُضارِعُ الْمَرْفُوعُ	الْمُضارِعُ الْمَنْصُوبُ	الْمُضارِعُ الْمَجْزُومُ	الْأَمْرُ
أنا	تَمَنَّيْتُ	أَتَمَنَّى	أَتَمَنَّى	أَتَمَنَّ	
نحن	تَمَنَّيْنَا	نَتَمَنَّى	نَتَمَنَّى	نَتَمَنَّ	
أنتَ	تَمَنَّيْتَ	تَتَمَنَّى	تَتَمَنَّى	تَتَمَنَّ	تَمَنَّ
أنتِ	تَمَنَّيْتِ	تَتَمَنَّيْنَ	تَتَمَنَّيْ	تَتَمَنَّيْ	تَمَنَّيْ
أنتما	تَمَنَّيْتُمَا	تَتَمَنَّيَانِ	تَتَمَنَّيَا	تَتَمَنَّيَا	تَمَنَّيَا
أنتم	تَمَنَّيْتُمْ	تَتَمَنَّوْنَ	تَتَمَنَّوْا	تَتَمَنَّوْا	تَمَنَّوْا
أنتنّ	تَمَنَّيْتُنَّ	تَتَمَنَّيْنَ	تَتَمَنَّيْنَ	تَتَمَنَّيْنَ	تَمَنَّيْنَ
هو	تَمَنَّى	يَتَمَنَّى	يَتَمَنَّى	يَتَمَنَّ	
هي	تَمَنَّتْ	تَتَمَنَّى	تَتَمَنَّى	تَتَمَنَّ	
هما	تَمَنَّيَا	يَتَمَنَّيَانِ	يَتَمَنَّيَا	يَتَمَنَّيَا	
هما	تَمَنَّتَا	تَتَمَنَّيَانِ	تَتَمَنَّيَا	تَتَمَنَّيَا	
هم	تَمَنَّوْا	يَتَمَنَّوْنَ	يَتَمَنَّوْا	يَتَمَنَّوْا	
هنّ	تَمَنَّيْنَ	يَتَمَنَّيْنَ	يَتَمَنَّيْنَ	يَتَمَنَّيْنَ	

البابُ الرابِع

052	تَفَعَّلَ يَتَفَعَّلُ				
	الْماضي	الْمُضارِعُ الْمَرْفُوع	الْمُضارِعُ الْمَنْصُوب	الْمُضارِعُ الْمَجْزُوم	الْأَمْر
أنا					
نحن					
أنتَ					
أنتِ					
أنتما					
أنتم					
أنتنّ					
هو	تَلَقَّى	يَتَلَقَّى			
هي					
هما					
هما					
هم					
هنّ					

البابُ الرابِع

053 تَفَعَّلَ يَتَفَعَّلُ

	الْماضي	الْمُضارِعُ الْمَرْفُوع	الْمُضارِعُ الْمَنْصُوبُ	الْمُضارِعِ الْمَجْزُومُ	الْأَمْرُ
أنا					
نحن					
أنتَ					
أنتِ					
أنتما					
أنتم					
أنتنّ					
هو	تَغَدَّى	يَتَغَدَّى			
هي					
هما					
هما					
هم					
هنّ					

البابُ الرابِع

054	تَفَعَّلَ يَتَفَعَّلُ				
	الْماضِي	الْمُضارِعُ الْمَرْفُوعُ	الْمُضارِعُ الْمَنْصُوبُ	الْمُضارِعُ الْمَجْزُومُ	الأَمْرُ
أنا					
نحن					
أنتَ					
أنتِ					
أنتما					
أنتم					
أنتنّ					
هو	تَوَقَّى	يَتَوَقَّى			
هي					
هما					
هما					
هم					
هنّ					

البابُ الرابِع

055	تَفَعَّلَ يَتَفَعَّلُ				
	الْماضي	الْمُضارِعُ الْمَرْفُوعُ	الْمُضارِعُ الْمَنْصُوبُ	الْمُضارِعُ الْمَجْزُومُ	الأَمْرُ
أنا					
نحن					
أنتَ					
أنتِ					
أنتما					
أنتم					
أنتنّ					
هو	تَوَلَّى	يَتَوَلَّى			
هي					
هما					
هما					
هم					
هنّ					

البابُ الخامِس

الأَمْرُ	المُضارِعُ المَجْزُومُ	المُضارِعُ المَنْصُوبُ	المُضارِعُ المَرْفُوعُ	الماضِي	M12 تَفاعَلَ يَتَفاعَلُ
	أَتَمارَضْ	أَتَمارَضَ	أَتَمارَضُ	تَمارَضْتُ	أنا
	نَتَمارَضْ	نَتَمارَضَ	نَتَمارَضُ	تَمارَضْنَا	نحن
تَمارَضْ	تَتَمارَضْ	تَتَمارَضَ	تَتَمارَضُ	تَمارَضْتَ	أنتَ
تَمارَضِي	تَتَمارَضِي	تَتَمارَضِي	تَتَمارَضِينَ	تَمارَضْتِ	أنتِ
تَمارَضَا	تَتَمارَضَا	تَتَمارَضَا	تَتَمارَضَانِ	تَمارَضْتُمَا	أنتما
تَمارَضُوا	تَتَمارَضُوا	تَتَمارَضُوا	تَتَمارَضُونَ	تَمارَضْتُمْ	أنتم
تَمارَضْنَ	تَتَمارَضْنَ	تَتَمارَضْنَ	تَتَمارَضْنَ	تَمارَضْتُنَّ	أنتنّ
	يَتَمارَضْ	يَتَمارَضَ	**يَتَمارَضُ**	**تَمارَضَ**	هو
	تَتَمارَضْ	تَتَمارَضَ	تَتَمارَضُ	تَمارَضَتْ	هي
	يَتَمارَضَا	يَتَمارَضَا	يَتَمارَضَانِ	تَمارَضَا	هما
	تَتَمارَضَا	تَتَمارَضَا	تَتَمارَضَانِ	تَمارَضَتَا	هما
	يَتَمارَضُوا	يَتَمارَضُوا	يَتَمارَضُونَ	تَمارَضُوا	هم
	يَتَمارَضْنَ	يَتَمارَضْنَ	يَتَمارَضْنَ	تَمارَضْنَ	هنّ

البابُ الخامِس

056 تَفَاعَلَ يَتَفَاعَلُ

	الْماضي	الْمُضارِعُ الْمَرْفُوعُ	الْمُضارِعُ الْمَنْصُوبُ	الْمُضارِعُ الْمَجْزُومُ	الْأَمْرُ
أنا					
نحن					
أنتَ					
أنتِ					
أنتما					
أنتم					
أنتنّ					
هو	تَجَاهَلَ	يَتَجَاهَلُ			
هي					
هما					
هما					
هم					
هنّ					

البابُ الخامِس

057	تَفَاعَلَ يَتَفَاعَلُ				
	الْماضِي	الْمُضارِعُ الْمَرْفُوعُ	الْمُضارِعُ الْمَنْصُوبُ	الْمُضارِعُ الْمَجْزُومُ	الأَمْرُ
أنا					
نحن					
أنتَ					
أنتِ					
أنتما					
أنتم					
أنتنّ					
هو	تَعَالَمَ	يَتَعَالَمُ			
هي					
هما					
هما					
هم					
هنّ					

البابُ الخامِس

058	تَفَاعَلَ يَتَفَاعَلُ				
	الْماضِي	الْمُضارِعُ الْمَرْفُوعُ	الْمُضارِعُ الْمَنْصُوبُ	الْمُضارِعُ الْمَجْزُومُ	الْأَمْرُ
أنا					
نحن					
أنتَ					
أنتِ					
أنتما					
أنتم					
أنتنّ					
هو	تَفَاعَلَ	يَتَفَاعَلُ			
هي					
هما					
هما					
هم					
هنّ					

البابُ الخامِس

059	تَفَاعَلَ يَتَفَاعَلُ				
	الْماضي	الْمُضارِعُ الْمَرْفوع	الْمُضارِعُ الْمَنْصوبُ	الْمُضارِعُ الْمَجْزوم	الْأَمْرُ
أنا					
نحن					
أنتَ					
أنتِ					
أنتما					
أنتم					
أنتنّ					
هو	تَوَاضَعَ	يَتَوَاضَعُ			
هي					
هما					
هما					
هم					
هنّ					

البابُ الخامِس

060	تَفَاعَلَ يَتَفَاعَلُ				
	الْماضِي	الْمُضارِعُ الْمَرْفُوعُ	الْمُضارِعُ الْمَنْصُوبُ	الْمُضارِعُ الْمَجْزُومُ	الأَمْرُ
أنا					
نحن					
أنتَ					
أنتِ					
أنتما					
أنتم					
أنتنّ					
هو	تَيَاسَرَ	يَتَيَاسَرُ			
هي					
هما					
هما					
هم					
هنّ					

البابُ الخامِس

061 تَفَاعَلَ يَتَفَاعَلُ

	الْماضِي	الْمُضارِعُ الْمَرْفُوعُ	الْمُضارِعُ الْمَنْصُوبُ	الْمُضارِعُ الْمَجْزُومُ	الأَمْرُ
أنا					
نحن					
أنتَ					
أنتِ					
أنتما					
أنتم					
أنتنّ					
هو	تَعَاوَنَ	يَتَعَاوَنُ			
هي					
هما					
هما					
هم					
هنّ					

البابُ الخامِس

062	تَفَاعَلَ يَتَفَاعَلُ				
	الْماضِي	الْمُضارِعُ الْمَرْفُوعُ	الْمُضارِعُ الْمَنْصُوبُ	الْمُضارِعُ الْمَجْزُومُ	الأَمْرُ
أنا					
نحن					
أنتَ					
أنتِ					
أنتما					
أنتم					
أنتنّ					
هو	تَضَايَقَ	يَتَضَايَقُ			
هي					
هما					
هما					
هم					
هنّ					

البابُ الخامِس

M13	تَفَاعَلَ يَتَفَاعَلُ				
	المَاضِي	المُضارِعُ المَرْفُوعُ	المُضارِعُ المَنْصُوبُ	المُضارِعُ المَجْزُومُ	الأَمْرُ
أنا	تَشَادَدْتُ	أَتَشَادُّ	أَتَشَادَّ	أَتَشَادَّ	
نحن	تَشَادَدْنَا	نَتَشَادُّ	نَتَشَادَّ	نَتَشَادَّ	
أنتَ	تَشَادَدْتَ	تَتَشَادُّ	تَتَشَادَّ	تَتَشَادَّ	تَشَادَّ
أنتِ	تَشَادَدْتِ	تَتَشَادِّينَ	تَتَشَادِّي	تَتَشَادِّي	تَشَادِّي
أنتما	تَشَادَدْتُمَا	تَتَشَادَّانِ	تَتَشَادَّا	تَتَشَادَّا	تَشَادَّا
أنتم	تَشَادَدْتُمْ	تَتَشَادُّونَ	تَتَشَادُّوا	تَتَشَادُّوا	تَشَادُّوا
أنتنّ	تَشَادَدْتُنَّ	تَتَشَادَدْنَ	تَتَشَادَدْنَ	تَتَشَادَدْنَ	تَشَادَدْنَ
هو	**تَشَادَّ**	**يَتَشَادُّ**	يَتَشَادَّ	يَتَشَادَّ	
هي	تَشَادَّتْ	تَتَشَادُّ	تَتَشَادَّ	تَتَشَادَّ	
هما	تَشَادَّا	يَتَشَادَّانِ	يَتَشَادَّا	يَتَشَادَّا	
هما	تَشَادَّتَا	تَتَشَادَّانِ	تَتَشَادَّا	تَتَشَادَّا	
هم	تَشَادُّوا	يَتَشَادُّونَ	يَتَشَادُّوا	يَتَشَادُّوا	
هنّ	تَشَادَدْنَ	يَتَشَادَدْنَ	يَتَشَادَدْنَ	يَتَشَادَدْنَ	

الباب الخامِس

063 تَفَاعَلَ يَتَفَاعَلُ

	الْماضِي	الْمُضارِعُ الْمَرْفُوعُ	الْمُضارِعُ الْمَنْصُوبُ	الْمُضارِعُ الْمَجْزُومُ	الْأَمْرُ
أنا					
نحن					
أنتَ					
أنتِ					
أنتما					
أنتم					
أنتنّ					
هو	تَحَاقَّ	يَتَحَاقُّ			
هي					
هما					
هما					
هم					
هنّ					

البابُ الخامِس

064	تَفَاعَلَ يَتَفَاعَلُ				
	الْماضي	الْمُضارِعُ الْمَرْفوعُ	الْمُضارِعُ الْمَنْصوبُ	الْمُضارِعُ الْمَجْزومُ	الْأَمْرُ
أنا					
نحن					
أنتَ					
أنتِ					
أنتما					
أنتم					
أنتنّ					
هو	تَحَاضَّ	يَتَحَاضُّ			
هي					
هما					
هما					
هم					
هنّ					

البابُ الخامِس

M14	تَفاعَلَ يَتَفاعَلُ				
	الْماضي	الْمُضارِعُ الْمَرْفوعُ	الْمُضارِعُ الْمَنْصوبُ	الْمُضارِعُ الْمَجْزُومُ	الأَمْرُ
أنا	تَعَامَيْتُ	أَتَعَامَى	أَتَعَامَى	أَتَعَامَ	
نحن	تَعَامَيْنَا	نَتَعَامَى	نَتَعَامَى	نَتَعَامَ	
أنتَ	تَعَامَيْتَ	تَتَعَامَى	تَتَعَامَى	تَتَعَامَ	تَعَامَ
أنتِ	تَعَامَيْتِ	تَتَعَامَيْنَ	تَتَعَامَيْ	تَتَعَامَيْ	تَعَامَيْ
أنتما	تَعَامَيْتُمَا	تَتَعَامَيَانِ	تَتَعَامَيَا	تَتَعَامَيَا	تَعَامَيَا
أنتم	تَعَامَيْتُمْ	تَتَعَامَوْنَ	تَتَعَامَوْا	تَتَعَامَوْا	تَعَامَوْا
أنتنّ	تَعَامَيْتُنَّ	تَتَعَامَيْنَ	تَتَعَامَيْنَ	تَتَعَامَيْنَ	تَعَامَيْنَ
هو	تَعَامَى	يَتَعَامَى	يَتَعَامَى	يَتَعَامَ	
هي	تَعَامَتْ	تَتَعَامَى	تَتَعَامَى	تَتَعَامَ	
هما	تَعَامَيَا	يَتَعَامَيَانِ	يَتَعَامَيَا	يَتَعَامَيَا	
هما	تَعَامَتَا	تَتَعَامَيَانِ	تَتَعَامَيَا	تَتَعَامَيَا	
هم	تَعَامَوْا	يَتَعَامَوْنَ	يَتَعَامَوْا	يَتَعَامَوْا	
هنّ	تَعَامَيْنَ	يَتَعَامَيْنَ	يَتَعَامَيْنَ	يَتَعَامَيْنَ	

البابُ الخامِس

065	تَفَاعَلَ يَتَفَاعَلُ				
	الْماضِي	الْمُضارِعُ الْمَرْفُوعُ	الْمُضارِعُ الْمَنْصُوبُ	الْمُضارِعُ الْمَجْزُومُ	الْأَمْرُ
أنا					
نحن					
أنتَ					
أنتِ					
أنتما					
أنتم					
أنتنّ					
هو	تَمَارَى	يَتَمَارَى			
هي					
هما					
هما					
هم					
هنّ					

البابُ الخامِس

066	تَفَاعَلَ يَتَفَاعَلُ				
	الْماضي	الْمُضارِعُ الْمَرْفُوعُ	الْمُضارِعُ الْمَنْصُوبُ	الْمُضارِعُ الْمَجْزُومُ	الْأَمْرُ
أنا					
نحن					
أنتَ					
أنتِ					
أنتما					
أنتم					
أنتنّ					
هو	تَعَاشَى	يَتَعَاشَى			
هي					
هما					
هما					
هم					
هنّ					

البابُ الخامِس

067	تَفَاعَلَ يَتَفَاعَلُ				
	الْماضِي	الْمُضارِعُ الْمَرْفُوعُ	الْمُضارِعُ الْمَنْصُوبُ	الْمُضارِعُ الْمَجْزُومُ	الْأَمْرُ
أنا					
نحن					
أنتَ					
أنتِ					
أنتما					
أنتم					
أنتنّ					
هو	تَوَارَى	يَتَوَارَى			
هي					
هما					
هما					
هم					
هنّ					

الباب الخامس

068	تَفَاعَلَ يَتَفَاعَلُ				
	الْماضِي	الْمُضارِعُ الْمَرْفُوعُ	الْمُضارِعُ الْمَنْصُوبُ	الْمُضارِعُ الْمَجْزُومُ	الأَمْرُ
أنا					
نحن					
أنتَ					
أنتِ					
أنتما					
أنتم					
أنتنّ					
هو	تَوَانَى	يَتَوَانَى			
هي					
هما					
هما					
هم					
هنّ					

البابُ السّادِس

M15	إِنْفَعَلَ يَنْفَعِلُ				
	الْماضِي	الْمُضارِعُ الْمَرْفُوعُ	الْمُضارِعُ الْمَنْصُوبُ	الْمُضارِعُ الْمَجْزُومُ	الأَمْرُ
أنا	إِنْقَلَبْتُ	أَنْقَلِبُ	أَنْقَلِبَ	أَنْقَلِبْ	
نحن	إِنْقَلَبْنَا	نَنْقَلِبُ	نَنْقَلِبَ	نَنْقَلِبْ	
أنتَ	إِنْقَلَبْتَ	تَنْقَلِبُ	تَنْقَلِبَ	تَنْقَلِبْ	إِنْقَلِبْ
أنتِ	إِنْقَلَبْتِ	تَنْقَلِبِينَ	تَنْقَلِبِي	تَنْقَلِبِي	إِنْقَلِبِي
أنتما	إِنْقَلَبْتُمَا	تَنْقَلِبَانِ	تَنْقَلِبَا	تَنْقَلِبَا	إِنْقَلِبَا
أنتم	إِنْقَلَبْتُمْ	تَنْقَلِبُونَ	تَنْقَلِبُوا	تَنْقَلِبُوا	إِنْقَلِبُوا
أنتنّ	إِنْقَلَبْتُنَّ	تَنْقَلِبْنَ	تَنْقَلِبْنَ	تَنْقَلِبْنَ	إِنْقَلِبْنَ
هو	**إِنْقَلَبَ**	**يَنْقَلِبُ**	يَنْقَلِبَ	يَنْقَلِبْ	
هي	إِنْقَلَبَتْ	تَنْقَلِبُ	تَنْقَلِبَ	تَنْقَلِبْ	
هما	إِنْقَلَبَا	يَنْقَلِبَانِ	يَنْقَلِبَا	يَنْقَلِبَا	
هما	إِنْقَلَبَتَا	تَنْقَلِبَانِ	تَنْقَلِبَا	تَنْقَلِبَا	
هم	إِنْقَلَبُوا	يَنْقَلِبُونَ	يَنْقَلِبُوا	يَنْقَلِبُوا	
هنّ	إِنْقَلَبْنَ	يَنْقَلِبْنَ	يَنْقَلِبْنَ	يَنْقَلِبْنَ	

البابُ السّادِس

069	اِنْفَعَلَ يَنْفَعِلُ				
	الْماضي	الْمُضارِعُ الْمَرْفُوعُ	الْمُضارِعُ الْمَنْصُوبُ	الْمُضارِعُ الْمَجْزُومُ	الْأَمْرُ
أنا					
نحن					
أنتَ					
أنتِ					
أنتما					
أنتم					
أنتنّ					
هو	اِنْطَلَقَ	يَنْطَلِقُ			
هي					
هما					
هما					
هم					
هنّ					

البابُ السّادِس

070	اِنْفَعَلَ يَنْفَعِلُ				
	الْماضي	الْمُضارِعُ الْمَرْفوع	الْمُضارِعُ الْمَنْصوب	الْمُضارِعُ الْمَجْزوم	الأَمْر
أنا					
نحن					
أنتَ					
أنتِ					
أنتما					
أنتم					
أنتنّ					
هو	اِنْعَزَلَ	يَنْعَزِلُ			
هي					
هما					
هما					
هم					
هنّ					

البابُ السَّادِسُ

اِنْفَعَلَ يَنْفَعِلُ — M16

الأَمْرُ	المُضارِعُ المَجْزُومُ	المُضارِعُ المَنْصُوبُ	المُضارِعُ المَرْفُوعُ	الماضِي	
	أَنْدَسَّ	أَنْدَسَّ	أَنْدَسُّ	اِنْدَسَسْتُ	أنا
	نَنْدَسَّ	نَنْدَسَّ	نَنْدَسُّ	اِنْدَسَسْنَا	نحن
اِنْدَسَّ	تَنْدَسَّ	تَنْدَسَّ	تَنْدَسُّ	اِنْدَسَسْتَ	أنتَ
اِنْدَسِّي	تَنْدَسِّي	تَنْدَسِّي	تَنْدَسِّينَ	اِنْدَسَسْتِ	أنتِ
اِنْدَسَّا	تَنْدَسَّا	تَنْدَسَّا	تَنْدَسَّانِ	اِنْدَسَسْتُمَا	أنتما
اِنْدَسُّوا	تَنْدَسُّوا	تَنْدَسُّوا	تَنْدَسُّونَ	اِنْدَسَسْتُمْ	أنتم
اِنْدَسِسْنَ	تَنْدَسِسْنَ	تَنْدَسِسْنَ	تَنْدَسِسْنَ	اِنْدَسَسْتُنَّ	أنتنَّ
	يَنْدَسَّ	يَنْدَسَّ	**يَنْدَسُّ**	**اِنْدَسَّ**	هو
	تَنْدَسَّ	تَنْدَسَّ	تَنْدَسُّ	اِنْدَسَّتْ	هي
	يَنْدَسَّا	يَنْدَسَّا	يَنْدَسَّانِ	اِنْدَسَّا	هما
	تَنْدَسَّا	تَنْدَسَّا	تَنْدَسَّانِ	اِنْدَسَّتَا	هما
	يَنْدَسُّوا	يَنْدَسُّوا	يَنْدَسُّونَ	اِنْدَسُّوا	هم
	يَنْدَسِسْنَ	يَنْدَسِسْنَ	يَنْدَسِسْنَ	اِنْدَسَسْنَ	هنَّ

البابُ السّادِس

071	إِنْفَعَلَ يَنْفَعِلُ				
	الْماضي	الْمُضارِعُ الْمَرْفُوعُ	الْمُضارِعُ الْمَنْصوبُ	الْمُضارِعُ الْمَجْزُومُ	الأَمْرُ
أنا					
نحن					
أنتَ					
أنتِ					
أنتما					
أنتم					
أنتنّ					
هو	إِنْدَلَّ	يَنْدَلُّ			
هي					
هما					
هما					
هم					
هنّ					

البابُ السّادِس

072 إِنْفَعَلَ يَنْفَعِلُ

	الْماضي	الْمُضارِعُ الْمَرْفوع	الْمُضارِعُ الْمَنْصوبُ	الْمُضارِعُ الْمَجْزومُ	الْأَمْرُ
أنا					
نحن					
أنتَ					
أنتِ					
أنتما					
أنتم					
أنتنّ					
هو	إِنْسَلَّ	يَنْسَلُّ			
هي					
هما					
هما					
هم					
هنّ					

البابُ السّادِس

M17	إِنْفَعَلَ يَنْفَعِلُ				
	الْماضي	الْمُضارِعُ الْمَرْفوعُ	الْمُضارِعُ الْمَنْصوبُ	الْمُضارِعُ الْمَجْزُومُ	الأَمْرُ
أنا	اِنْقَدْتُ	أَنْقَادُ	أَنْقَادَ	أَنْقَدْ	
نحن	اِنْقَدْنَا	نَنْقَادُ	نَنْقَادَ	نَنْقَدْ	
أنتَ	اِنْقَدْتَ	تَنْقَادُ	تَنْقَادَ	تَنْقَدْ	اِنْقَدْ
أنتِ	اِنْقَدْتِ	تَنْقَادِينَ	تَنْقَادِي	تَنْقَادِي	اِنْقَادِي
أنتما	اِنْقَدْتُمَا	تَنْقَادَانِ	تَنْقَادَا	تَنْقَادَا	اِنْقَادَا
أنتم	اِنْقَدْتُمْ	تَنْقَادُونَ	تَنْقَادُوا	تَنْقَادُوا	اِنْقَادُوا
أنتنّ	اِنْقَدْتُنَّ	تَنْقَدْنَ	تَنْقَدْنَ	تَنْقَدْنَ	اِنْقَدْنَ
هو	**اِنْقَادَ**	**يَنْقَادُ**	يَنْقَادَ	يَنْقَدْ	
هي	اِنْقَادَتْ	تَنْقَادُ	تَنْقَادَ	تَنْقَدْ	
هما	اِنْقَادَا	يَنْقَادَانِ	يَنْقَادَا	يَنْقَادَا	
هما	اِنْقَادَتَا	تَنْقَادَانِ	تَنْقَادَا	تَنْقَادَا	
هم	اِنْقَادُوا	يَنْقَادُونَ	يَنْقَادُوا	يَنْقَادُوا	
هنّ	اِنْقَدْنَ	يَنْقَدْنَ	يَنْقَدْنَ	يَنْقَدْنَ	

البابُ السّادِس

073	اِنْفَعَلَ يَنْفَعِلُ				
	الْماضي	الْمُضارِعُ الْمَرْفُوعُ	الْمُضارِعُ الْمَنْصُوبُ	الْمُضارِعُ الْمَجْزُومُ	الْأَمْرُ
أنا					
نحن					
أنتَ					
أنتِ					
أنتما					
أنتم					
أنتنّ					
هو	اِنْقَاضَ	يَنْقَاضُ			
هي					
هما					
هما					
هم					
هنّ					

البابُ السّادِس

074	اِنْفَعَلَ يَنْفَعِلُ				
	الْماضِي	الْمُضارِعُ الْمَرْفُوعُ	الْمُضارِعُ الْمَنْصُوبُ	الْمُضارِعُ الْمَجْزُومُ	الْأَمْرُ
أنا					
نحن					
أنتَ					
أنتِ					
أنتما					
أنتم					
أنتنّ					
هو	اِنْبَاعَ	يَنْبَاعُ			
هي					
هما					
هما					
هم					
هنّ					

البابُ السّادِس

M18	انْفَعَلَ يَنْفَعِلُ				
	الْماضي	الْمُضارِعُ الْمَرْفوعُ	الْمُضارِعُ الْمَنْصوبُ	الْمُضارِعُ الْمَجْزومُ	الْأَمْرُ
أنا	اِنْثَنَيْتُ	أَنْثَنِي	أَنْثَنِيَ	أَنْثَنِ	
نحن	اِنْثَنَيْنَا	نَنْثَنِي	نَنْثَنِيَ	نَنْثَنِ	
أنتَ	اِنْثَنَيْتَ	تَنْثَنِي	تَنْثَنِيَ	تَنْثَنِ	اِنْثَنِ
أنتِ	اِنْثَنَيْتِ	تَنْثَنِينَ	تَنْثَنِي	تَنْثَنِي	اِنْثَنِي
أنتما	اِنْثَنَيْتُمَا	تَنْثَنِيَانِ	تَنْثَنِيَا	تَنْثَنِيَا	اِنْثَنِيَا
أنتم	اِنْثَنَيْتُمْ	تَنْثَنُونَ	تَنْثَنُوا	تَنْثَنُوا	اِنْثَنُوا
أنتنّ	اِنْثَنَيْتُنَّ	تَنْثَنِينَ	تَنْثَنِينَ	تَنْثَنِينَ	اِنْثَنِينَ
هو	اِنْثَنَى	يَنْثَنِي	يَنْثَنِيَ	يَنْثَنِ	
هي	اِنْثَنَتْ	تَنْثَنِي	تَنْثَنِيَ	تَنْثَنِ	
هما	اِنْثَنَيَا	يَنْثَنِيَانِ	يَنْثَنِيَا	يَنْثَنِيَا	
هما	اِنْثَنَتَا	تَنْثَنِيَانِ	تَنْثَنِيَا	تَنْثَنِيَا	
هم	اِنْثَنَوْا	يَنْثَنُونَ	يَنْثَنُوا	يَنْثَنُوا	
هنّ	اِنْثَنَيْنَ	يَنْثَنِينَ	يَنْثَنِينَ	يَنْثَنِينَ	

البابُ السّادِس

075	إِنْفَعَلَ يَنْفَعِلُ				
	الْماضي	الْمُضارِعُ الْمَرْفوع	الْمُضارِعُ الْمَنْصوبُ	الْمُضارِعُ الْمَجْزُوم	الأَمْرُ
أنا					
نحن					
أنتَ					
أنتِ					
أنتما					
أنتم					
أنتنّ					
هو	إِنْضَوَى	يَنْضَوِي			
هي					
هما					
هما					
هم					
هنّ					

البابُ السّادِس

076	اِنْفَعَلَ يَنْفَعِلُ				
	الْماضِي	الْمُضارِعُ الْمَرْفُوعُ	الْمُضارِعُ الْمَنْصُوبُ	الْمُضارِعُ الْمَجْزُومُ	الأَمْرُ
أنا					
نحن					
أنتَ					
أنتِ					
أنتما					
أنتم					
أنتنّ					
هو	اِنْزَوَى	يَنْزَوِي			
هي					
هما					
هما					
هم					
هنّ					

البابُ السّابِع

M19	إِفْتَعَلَ يَفْتَعِلُ				
	الْماضي	الْمُضارِعُ الْمَرْفُوعُ	الْمُضارِعُ الْمَنْصُوبُ	الْمُضارِعُ الْمَجْزُومُ	الأَمْرُ
أنا	إِقْتَرَحْتُ	أَقْتَرِحُ	أَقْتَرِحَ	أَقْتَرِحْ	
نحن	إِقْتَرَحْنَا	نَقْتَرِحُ	نَقْتَرِحَ	نَقْتَرِحْ	
أنتَ	إِقْتَرَحْتَ	تَقْتَرِحُ	تَقْتَرِحَ	تَقْتَرِحْ	إِقْتَرِحْ
أنتِ	إِقْتَرَحْتِ	تَقْتَرِحِينَ	تَقْتَرِحِي	تَقْتَرِحِي	إِقْتَرِحِي
أنتما	إِقْتَرَحْتُمَا	تَقْتَرِحَانِ	تَقْتَرِحَا	تَقْتَرِحَا	إِقْتَرِحَا
أنتم	إِقْتَرَحْتُمْ	تَقْتَرِحُونَ	تَقْتَرِحُوا	تَقْتَرِحُوا	إِقْتَرِحُوا
أنتنّ	إِقْتَرَحْتُنَّ	تَقْتَرِحْنَ	تَقْتَرِحْنَ	تَقْتَرِحْنَ	إِقْتَرِحْنَ
هو	إِقْتَرَحَ	يَقْتَرِحُ	يَقْتَرِحَ	يَقْتَرِحْ	
هي	إِقْتَرَحَتْ	تَقْتَرِحُ	تَقْتَرِحَ	تَقْتَرِحْ	
هما	إِقْتَرَحَا	يَقْتَرِحَانِ	يَقْتَرِحَا	يَقْتَرِحَا	
هما	إِقْتَرَحَتَا	تَقْتَرِحَانِ	تَقْتَرِحَا	تَقْتَرِحَا	
هم	إِقْتَرَحُوا	يَقْتَرِحُونَ	يَقْتَرِحُوا	يَقْتَرِحُوا	
هنّ	إِقْتَرَحْنَ	يَقْتَرِحْنَ	يَقْتَرِحْنَ	يَقْتَرِحْنَ	

الـبابُ الـسّـابِع

077	اِفْـتَـعَـلَ يَـفْـتَـعِـلُ				
	الْماضِي	الْمُضارِعُ الْمَرْفُوعُ	الْمُضارِعُ الْمَنْصُوبُ	الْمُضارِعُ الْمَجْزُومُ	الْأَمْرُ
أنا					
نحن					
أنتَ					
أنتِ					
أنتما					
أنتم					
أنتنّ					
هو	اِعْـتَـمَـرَ	يَـعْـتَـمِـرُ			
هي					
هما					
هما					
هم					
هنّ					

البابُ السّابِع

078	إِفْتَعَلَ يَفْتَعِلُ				
	الْماضِي	الْمُضارِعُ الْمَرْفُوعُ	الْمُضارِعُ الْمَنْصُوبُ	الْمُضارِعُ الْمَجْزُومُ	الأَمْرُ
أنا					
نحن					
أنتَ					
أنتِ					
أنتما					
أنتم					
أنتنّ					
هو	اِسْتَمَعَ	يَسْتَمِعُ			
هي					
هما					
هما					
هم					
هنّ					

البابُ السّابِع

079	اِفْتَعَلَ يَفْتَعِلُ				
	الْماضِي	الْمُضارِعُ الْمَرْفُوع	الْمُضارِعُ الْمَنْصُوبُ	الْمُضارِعُ الْمَجْزُوم	الْأَمْرُ
أنا					
نحن					
أنتَ					
أنتِ					
أنتما					
أنتم					
أنتنّ					
هو	اِظَّلَمَ	يَظَّلِمُ			
هي					
هما					
هما					
هم					
هنّ					

البابُ السّابِع

080	اِفْتَعَلَ يَفْتَعِلُ				
	الْماضِي	الْمُضارِعُ الْمَرْفُوعُ	الْمُضارِعُ الْمَنْصُوبُ	الْمُضارِعُ الْمَجْزُومُ	الْأَمْرُ
أنا					
نحن					
أنتَ					
أنتِ					
أنتما					
أنتم					
أنتنّ					
هو	اِتَّخَذَ	يَتَّخِذُ			
هي					
هما					
هما					
هم					
هنّ					

البابُ السّابِع

081	اِفْتَعَلَ يَفْتَعِلُ				
	الْماضي	الْمُضارِعُ الْمَرْفوعُ	الْمُضارِعُ الْمَنْصوبُ	الْمُضارِعُ الْمَجْزومُ	الْأَمْرُ
أنا					
نحن					
أنتَ					
أنتِ					
أنتما					
أنتم					
أنتنّ					
هو	اِمْتَلَأَ	يَمْتَلِئُ			
هي					
هما					
هما					
هم					
هنّ					

البابُ السّابِع

082	اِفْتَعَلَ يَفْتَعِلُ				
	الْماضِي	الْمُضارِعُ الْمَرْفُوع	الْمُضارِعُ الْمَنْصُوبُ	الْمُضارِعُ الْمَجْزُوم	الأَمْرُ
أنا					
نحن					
أنتَ					
أنتِ					
أنتما					
أنتم					
أنتنّ					
هو	اِتَّصَلَ	يَتَّصِلُ			
هي					
هما					
هما					
هم					
هنّ					

البابُ السّابِع

M20	اِفْتَعَلَ يَفْتَعِلُ				
	الْماضي	الْمُضارِعُ الْمَرْفوعُ	الْمُضارِعُ الْمَنْصوبُ	الْمُضارِعُ الْمَجْزومُ	الأَمْرُ
أنا	اِحْتَجَجْتُ	أَحْتَجُّ	أَحْتَجَّ	أَحْتَجَّ	
نحن	اِحْتَجَجْنَا	نَحْتَجُّ	نَحْتَجَّ	نَحْتَجَّ	
أنتَ	اِحْتَجَجْتَ	تَحْتَجُّ	تَحْتَجَّ	تَحْتَجَّ	اِحْتَجَّ
أنتِ	اِحْتَجَجْتِ	تَحْتَجِّينَ	تَحْتَجِّي	تَحْتَجِّي	اِحْتَجِّي
أنتما	اِحْتَجَجْتُمَا	تَحْتَجَّانِ	تَحْتَجَّا	تَحْتَجَّا	اِحْتَجَّا
أنتم	اِحْتَجَجْتُمْ	تَحْتَجُّونَ	تَحْتَجُّوا	تَحْتَجُّوا	اِحْتَجُّوا
أنتنّ	اِحْتَجَجْتُنَّ	تَحْتَجِجْنَ	تَحْتَجِجْنَ	تَحْتَجِجْنَ	اِحْتَجِجْنَ
هو	اِحْتَجَّ	يَحْتَجُّ	يَحْتَجَّ	يَحْتَجَّ	
هي	اِحْتَجَّتْ	تَحْتَجُّ	تَحْتَجَّ	تَحْتَجَّ	
هما	اِحْتَجَّا	يَحْتَجَّانِ	يَحْتَجَّا	يَحْتَجَّا	
هما	اِحْتَجَّتَا	تَحْتَجَّانِ	تَحْتَجَّا	تَحْتَجَّا	
هم	اِحْتَجُّوا	يَحْتَجُّونَ	يَحْتَجُّوا	يَحْتَجُّوا	
هنّ	اِحْتَجَجْنَ	يَحْتَجِجْنَ	يَحْتَجِجْنَ	يَحْتَجِجْنَ	

البابُ السّابِع

083 — إِفْتَعَلَ يَفْتَعِلُ

	الماضي	المُضارِعُ المَرْفُوع	المُضارِعُ المَنْصُوبُ	المُضارِعُ المَجْزُوم	الأَمْر
أنا					
نحن					
أنتَ					
أنتِ					
أنتما					
أنتم					
أنتنّ					
هو	إِحْتَفَّ	يَحْتَفُّ			
هي					
هما					
هما					
هم					
هنّ					

البابُ السّابِع

084	اِفْتَعَلَ يَفْتَعِلُ				
	الْماضِي	الْمُضارِعُ الْمَرْفُوعُ	الْمُضارِعُ الْمَنْصُوبُ	الْمُضارِعُ الْمَجْزُومُ	الْأَمْرُ
أنا					
نحن					
أنتَ					
أنتِ					
أنتما					
أنتم					
أنتنّ					
هو	اِسْتَنَّ	يَسْتَنُّ			
هي					
هما					
هما					
هم					
هنّ					

البابُ السّابِع

M21	اِفْتَعَلَ يَفْتَعِلُ				
	الْماضِي	الْمُضارِعُ الْمَرْفُوعُ	الْمُضارِعُ الْمَنْصُوبُ	الْمُضارِعُ الْمَجْزُومُ	الأَمْرُ
أنا	اِخْتَرْتُ	أَخْتَارُ	أَخْتَارَ	أَخْتَرْ	
نحن	اِخْتَرْنَا	نَخْتَارُ	نَخْتَارَ	نَخْتَرْ	
أنتَ	اِخْتَرْتَ	تَخْتَارُ	تَخْتَارَ	تَخْتَرْ	اِخْتَرْ
أنتِ	اِخْتَرْتِ	تَخْتَارِينَ	تَخْتَارِي	تَخْتَارِي	اِخْتَارِي
أنتما	اِخْتَرْتُمَا	تَخْتَارَانِ	تَخْتَارَا	تَخْتَارَا	اِخْتَارَا
أنتم	اِخْتَرْتُمْ	تَخْتَارُونَ	تَخْتَارُوا	تَخْتَارُوا	اِخْتَارُوا
أنتنّ	اِخْتَرْتُنَّ	تَخْتَرْنَ	تَخْتَرْنَ	تَخْتَرْنَ	اِخْتَرْنَ
هو	اِخْتَارَ	يَخْتَارُ	يَخْتَارَ	يَخْتَرْ	
هي	اِخْتَارَتْ	تَخْتَارُ	تَخْتَارَ	تَخْتَرْ	
هما	اِخْتَارَا	يَخْتَارَانِ	يَخْتَارَا	يَخْتَارَا	
هما	اِخْتَارَتَا	تَخْتَارَانِ	تَخْتَارَا	تَخْتَارَا	
هم	اِخْتَارُوا	يَخْتَارُونَ	يَخْتَارُوا	يَخْتَارُوا	
هنّ	اِخْتَرْنَ	يَخْتَرْنَ	يَخْتَرْنَ	يَخْتَرْنَ	

البابُ السّابِع

085	اِفْتَعَلَ يَفْتَعِلُ				
	الْماضِي	الْمُضارِعُ الْمَرْفُوع	الْمُضارِعُ الْمَنْصُوب	الْمُضارِعُ الْمَجْزُوم	الأَمْرُ
أنا					
نحن					
أنتَ					
أنتِ					
أنتما					
أنتم					
أنتنّ					
هو	اِخْتَانَ	يَخْتَانُ			
هي					
هما					
هما					
هم					
هنّ					

البابُ السّابِع

086	اِفْتَعَلَ يَفْتَعِلُ				
	الْماضي	الْمُضارِعُ الْمَرْفُوعُ	الْمُضارِعُ الْمَنْصُوبُ	الْمُضارِعُ الْمَجْزُومُ	الأَمْرُ
أنا					
نحن					
أنتَ					
أنتِ					
أنتما					
أنتم					
أنتنّ					
هو	اِزْدَانَ	يَزْدَانُ			
هي					
هما					
هما					
هم					
هنّ					

الباب السّابِع

M22	اِفْتَعَلَ يَفْتَعِلُ				
	الْماضي	الْمُضارِعُ الْمَرْفُوعُ	الْمُضارِعُ الْمَنْصُوبُ	الْمُضارِعُ الْمَجْزُومُ	الْأَمْرُ
أنا	اِبْتَلَيْتُ	أَبْتَلِي	أَبْتَلِيَ	أَبْتَلِ	
نحن	اِبْتَلَيْنَا	نَبْتَلِي	نَبْتَلِيَ	نَبْتَلِ	
أنتَ	اِبْتَلَيْتَ	تَبْتَلِي	تَبْتَلِيَ	تَبْتَلِ	اِبْتَلِ
أنتِ	اِبْتَلَيْتِ	تَبْتَلِينَ	تَبْتَلِي	تَبْتَلِي	اِبْتَلِي
أنتما	اِبْتَلَيْتُمَا	تَبْتَلِيَانِ	تَبْتَلِيَا	تَبْتَلِيَا	اِبْتَلِيَا
أنتم	اِبْتَلَيْتُمْ	تَبْتَلُونَ	تَبْتَلُوا	تَبْتَلُوا	اِبْتَلُوا
أنتنّ	اِبْتَلَيْتُنَّ	تَبْتَلِينَ	تَبْتَلِينَ	تَبْتَلِينَ	اِبْتَلِينَ
هو	اِبْتَلَى	يَبْتَلِي	يَبْتَلِيَ	يَبْتَلِ	
هي	اِبْتَلَتْ	تَبْتَلِي	تَبْتَلِيَ	تَبْتَلِ	
هما	اِبْتَلَيَا	يَبْتَلِيَانِ	يَبْتَلِيَا	يَبْتَلِيَا	
هما	اِبْتَلَتَا	تَبْتَلِيَانِ	تَبْتَلِيَا	تَبْتَلِيَا	
هم	اِبْتَلَوْا	يَبْتَلُونَ	يَبْتَلُوا	يَبْتَلُوا	
هنّ	اِبْتَلَيْنَ	يَبْتَلِينَ	يَبْتَلِينَ	يَبْتَلِينَ	

البابُ السّابِع

اِفْتَعَلَ يَفْتَعِلُ					087
الأَمْرُ	الْمُضارِعُ الْمَجْزُومُ	الْمُضارِعُ الْمَنْصُوبُ	الْمُضارِعُ الْمَرْفُوعُ	الْماضي	
					أنا
					نحن
					أنتَ
					أنتِ
					أنتما
					أنتم
					أنتنّ
			يَصْطَفِي	اِصْطَفَى	هو
					هي
					هما
					هما
					هم
					هنّ

البابُ السّابِع

088	اِفْـتَـعَلَ يَـفْـتَـعِلُ				
	الْماضي	الْمُضارِعُ الْمَرْفوع	الْمُضارِعُ الْمَنْصوبُ	الْمُضارِعُ الْمَجْزوم	الأَمْرُ
أنا					
نحن					
أنتَ					
أنتِ					
أنتما					
أنتم					
أنتنّ					
هو	اِكْـتَـفَـى	يَـكْـتَـفِـي			
هي					
هما					
هما					
هم					
هنّ					

البابُ السّابِع

089	اِفْتَعَلَ يَفْتَعِلُ				
	الْماضي	الْمُضارِعُ الْمَرْفُوع	الْمُضارِعُ الْمَنْصُوب	الْمُضارِعُ الْمَجْزُوم	الْأَمْرُ
أنا					
نحن					
أنتَ					
أنتِ					
أنتما					
أنتم					
أنتنّ					
هو	اِتَّقَى	يَتَّقِي			
هي					
هما					
هما					
هم					
هنّ					

البابُ الثّامِن

M23	اِفْعَلَّ يَفْعَلُّ				
	الْماضي	الْمُضارِعُ الْمَرْفوعُ	الْمُضارِعُ الْمَنْصُوبُ	الْمُضارِعُ الْمَجْزُومُ	الأَمْرُ
أنا	اِعْوَرَرْتُ	أَعْوَرُّ	أَعْوَرَّ	أَعْوَرَّ	
نحن	اِعْوَرَرْنَا	نَعْوَرُّ	نَعْوَرَّ	نَعْوَرَّ	
أنتَ	اِعْوَرَرْتَ	تَعْوَرُّ	تَعْوَرَّ	تَعْوَرَّ	اِعْوَرَّ
أنتِ	اِعْوَرَرْتِ	تَعْوَرِّينَ	تَعْوَرِّي	تَعْوَرِّي	اِعْوَرِّي
أنتما	اِعْوَرَرْتُمَا	تَعْوَرَّانِ	تَعْوَرَّا	تَعْوَرَّا	اِعْوَرَّا
أنتم	اِعْوَرَرْتُمْ	تَعْوَرُّونَ	تَعْوَرُّوا	تَعْوَرُّوا	اِعْوَرُّوا
أنتنّ	اِعْوَرَرْتُنَّ	تَعْوَرِرْنَ	تَعْوَرِرْنَ	تَعْوَرِرْنَ	اِعْوَرِرْنَ
هو	اِعْوَرَّ	يَعْوَرُّ	يَعْوَرَّ	يَعْوَرَّ	
هي	اِعْوَرَّتْ	تَعْوَرُّ	تَعْوَرَّ	تَعْوَرَّ	
هما	اِعْوَرَّا	يَعْوَرَّانِ	يَعْوَرَّا	يَعْوَرَّا	
هما	اِعْوَرَّتَا	تَعْوَرَّانِ	تَعْوَرَّا	تَعْوَرَّا	
هم	اِعْوَرُّوا	يَعْوَرُّونَ	يَعْوَرُّوا	يَعْوَرُّوا	
هنّ	اِعْوَرَرْنَ	يَعْوَرِرْنَ	يَعْوَرِرْنَ	يَعْوَرِرْنَ	

البابُ الثّامِن

الأَمْرُ	الْمُضارِعُ الْمَجْزُومُ	الْمُضارِعُ الْمَنْصوبُ	الْمُضارِعُ الْمَرْفوعُ	الْماضِي	090
					إِفْعَلَّ يَفْعَلُّ
					أنا
					نحن
					أنتَ
					أنتِ
					أنتما
					أنتم
					أنتنّ
			يَرْفَضُّ	اِرْفَضَّ	هو
					هي
					هما
					هما
					هم
					هنّ

البابُ الثّامِن

الأَمْرُ	الْمُضارِعُ الْمَجْزُومُ	الْمُضارِعُ الْمَنْصُوبُ	الْمُضارِعُ الْمَرْفُوعُ	الْماضِي	091 اِفْعَلَّ يَفْعَلُّ
					أنا
					نحن
					أنتَ
					أنتِ
					أنتما
					أنتم
					أنتنّ
			يَرْقَدُّ	اِرْقَدَّ	هو
					هي
					هما
					هما
					هم
					هنّ

البابُ الثّامِن

092	إِفْعَلَّ يَفْعَلُّ				
	الْماضي	الْمُضارِعُ الْمَرْفوع	الْمُضارِعُ الْمَنْصوبُ	الْمُضارِعُ الْمَجْزوم	الأَمْرُ
أنا					
نحن					
أنتَ					
أنتِ					
أنتما					
أنتم					
أنتنّ					
هو	اِزْوَرَّ	يَزْوَرُّ			
هي					
هما					
هما					
هم					
هنّ					

البابُ الثّامِن

093	اِفْعَلَّ يَفْعَلُّ				
	الْماضي	الْمُضارِعُ الْمَرْفُوعُ	الْمُضارِعُ الْمَنْصُوبُ	الْمُضارِعُ الْمَجْزُومُ	الْأَمْرُ
أنا					
نحن					
أنتَ					
أنتِ					
أنتما					
أنتم					
أنتنّ					
هو	اِسْمَرَّ	يَسْمَرُّ			
هي					
هما					
هما					
هم					
هنّ					

البابُ التّاسِع

M24	اِفْعَالَّ يَفْعَالُّ				
	الْماضي	الْمُضارِعُ الْمرْفوع	الْمُضارِعُ الْمَنْصوبُ	الْمُضارِعُ الْمَجْزُومُ	الأَمْرُ
أنا	اِرْغَادَدْتُ	أَرْغَادُّ	أَرْغَادَّ	أَرْغَادَّ	
نحن	اِرْغَادَدْنَا	نَرْغَادُّ	نَرْغَادَّ	نَرْغَادَّ	
أنتَ	اِرْغَادَدْتَ	تَرْغَادُّ	تَرْغَادَّ	تَرْغَادَّ	اِرْغَادَّ
أنتِ	اِرْغَادَدْتِ	تَرْغَادِّينَ	تَرْغَادِّي	تَرْغَادِّي	اِرْغَادِّي
أنتما	اِرْغَادَدْتُمَا	تَرْغَادَّانِ	تَرْغَادَّا	تَرْغَادَّا	اِرْغَادَّا
أنتم	اِرْغَادَدْتُمْ	تَرْغَادُّونَ	تَرْغَادُّوا	تَرْغَادُّوا	اِرْغَادُّوا
أنتنّ	اِرْغَادَدْتُنَّ	تَرْغَادِدْنَ	تَرْغَادِدْنَ	تَرْغَادِدْنَ	اِرْغَادِدْنَ
هو	اِرْغَادَّ	يَرْغَادُّ	يَرْغَادَّ	يَرْغَادَّ	
هي	اِرْغَادَّتْ	تَرْغَادُّ	تَرْغَادَّ	تَرْغَادَّ	
هما	اِرْغَادَّا	يَرْغَادَّانِ	يَرْغَادَّا	يَرْغَادَّا	
هما	اِرْغَادَّتَا	تَرْغَادَّانِ	تَرْغَادَّا	تَرْغَادَّا	
هم	اِرْغَادُّوا	يَرْغَادُّونَ	يَرْغَادُّوا	يَرْغَادُّوا	
هنّ	اِرْغَادَدْنَ	يَرْغَادِدْنَ	يَرْغَادِدْنَ	يَرْغَادِدْنَ	

البابُ التّاسِع

إِفْعَالَّ يَفْعَالُّ					094
الْأَمْرُ	الْمُضارِعُ الْمَجْزُومُ	الْمُضارِعُ الْمَنْصُوبُ	الْمُضارِعُ الْمَرْفُوعُ	الْماضِي	
					أنا
					نحن
					أنتَ
					أنتِ
					أنتما
					أنتم
					أنتنّ
			يَدْهَانُّ	إِدْهَانَّ	هو
					هي
					هما
					هما
					هم
					هنّ

البابُ التّاسِع

095	اِفْـعَـالَّ يَـفْـعَـالُّ				
	الْماضِي	الْمُضارِعُ الْمَرْفُوعُ	الْمُضارِعُ الْمَنْصُوبُ	الْمُضارِعُ الْمَجْزُومُ	الْأَمْرُ
أنا					
نحن					
أنتَ					
أنتِ					
أنتما					
أنتم					
أنتنّ					
هو	اِرْغَـابَّ	يَـرْغَـابُّ			
هي					
هما					
هما					
هم					
هنّ					

البابُ التّاسِع

096 اِفْعَالَّ يَفْعَالُّ

	الْماضي	الْمُضارِعُ الْمَرْفُوعُ	الْمُضارِعُ الْمَنْصُوبُ	الْمُضارِعُ الْمَجْزُومُ	الأَمْرُ
أنا					
نحن					
أنتَ					
أنتِ					
أنتما					
أنتم					
أنتنّ					
هو	اِزْوَارَّ	يَزْوَارُّ			
هي					
هما					
هما					
هم					
هنّ					

البابُ التّاسِع

097	الْماضي	الْمُضارِعُ الْمَرْفُوعُ	الْمُضارِعُ الْمَنْصُوبُ	الْمُضارِعُ الْمَجْزُومُ	الأَمْرُ
	اِفْعَالَّ يَفْعَالُّ				
أنا					
نحن					
أنتَ					
أنتِ					
أنتما					
أنتم					
أنتنّ					
هو	اِسْمَارَّ	يَسْمَارُّ			
هي					
هما					
هما					
هم					
هنّ					

البَابُ العَاشِر

M25	إِسْتَفْعَلَ يَسْتَفْعِلُ				
	الْمَاضِي	الْمُضَارِعُ الْمَرْفُوع	الْمُضَارِعُ الْمَنْصُوب	الْمُضَارِعُ الْمَجْزُوم	الأَمْر
أنا	إِسْتَعْمَلْتُ	أَسْتَعْمِلُ	أَسْتَعْمِلَ	أَسْتَعْمِلْ	
نحن	إِسْتَعْمَلْنَا	نَسْتَعْمِلُ	نَسْتَعْمِلَ	نَسْتَعْمِلْ	
أنتَ	إِسْتَعْمَلْتَ	تَسْتَعْمِلُ	تَسْتَعْمِلَ	تَسْتَعْمِلْ	إِسْتَعْمِلْ
أنتِ	إِسْتَعْمَلْتِ	تَسْتَعْمِلِينَ	تَسْتَعْمِلِي	تَسْتَعْمِلِي	إِسْتَعْمِلِي
أنتما	إِسْتَعْمَلْتُمَا	تَسْتَعْمِلَانِ	تَسْتَعْمِلَا	تَسْتَعْمِلَا	إِسْتَعْمِلَا
أنتم	إِسْتَعْمَلْتُمْ	تَسْتَعْمِلُونَ	تَسْتَعْمِلُوا	تَسْتَعْمِلُوا	إِسْتَعْمِلُوا
أنتنّ	إِسْتَعْمَلْتُنَّ	تَسْتَعْمِلْنَ	تَسْتَعْمِلْنَ	تَسْتَعْمِلْنَ	إِسْتَعْمِلْنَ
هو	إِسْتَعْمَلَ	يَسْتَعْمِلُ	يَسْتَعْمِلَ	يَسْتَعْمِلْ	
هي	إِسْتَعْمَلَتْ	تَسْتَعْمِلُ	تَسْتَعْمِلَ	تَسْتَعْمِلْ	
هما	إِسْتَعْمَلَا	يَسْتَعْمِلَانِ	يَسْتَعْمِلَا	يَسْتَعْمِلَا	
هما	إِسْتَعْمَلَتَا	تَسْتَعْمِلَانِ	تَسْتَعْمِلَا	تَسْتَعْمِلَا	
هم	إِسْتَعْمَلُوا	يَسْتَعْمِلُونَ	يَسْتَعْمِلُوا	يَسْتَعْمِلُوا	
هنّ	إِسْتَعْمَلْنَ	يَسْتَعْمِلْنَ	يَسْتَعْمِلْنَ	يَسْتَعْمِلْنَ	

البابُ العاشِر

098 اِسْتَفْعَلَ يَسْتَفْعِلُ

	الْماضي	الْمُضارِعُ الْمَرْفُوعُ	الْمُضارِعُ الْمَنْصُوبُ	الْمُضارِعُ الْمَجْزُومُ	الْأَمْرُ
أنا					
نحن					
أنتَ					
أنتِ					
أنتما					
أنتم					
أنتنّ					
هو	اِسْتَخْرَجَ	يَسْتَخْرِجُ			
هي					
هما					
هما					
هم					
هنّ					

البابُ العاشِر

099	إِسْتَفْعَلَ يَسْتَفْعِلُ				
	الْماضي	الْمُضارِعُ الْمَرْفُوعُ	الْمُضارِعُ الْمَنْصُوبُ	الْمُضارِعُ الْمَجْزُومُ	الْأَمْرُ
أنا					
نحن					
أنتَ					
أنتِ					
أنتما					
أنتم					
أنتنّ					
هو	إِسْتَغْفَرَ	يَسْتَغْفِرُ			
هي					
هما					
هما					
هم					
هنّ					

البابُ العاشِر

100	اِسْتَفْعَلَ يَسْتَفْعِلُ				
	الْماضي	الْمُضارِعُ الْمَرْفوع	الْمُضارِعُ الْمَنْصوبُ	الْمُضارِعُ الْمَجْزومُ	الأَمْرُ
أنا					
نحن					
أنتَ					
أنتِ					
أنتما					
أنتم					
أنتنّ					
هو	اِسْتَيْقَظَ	يَسْتَيْقِظُ			
هي					
هما					
هما					
هم					
هنّ					

البـابُ العـاشِـر

101 اِسْـتَـفْـعَلَ يَـسْـتَـفْـعِلُ

	الْماضِي	الْمُضارِعُ الْمَرْفُوعُ	الْمُضارِعُ الْمَنْصُوبُ	الْمُضارِعُ الْمَجْزُومُ	الْأَمْرُ
أنا					
نحن					
أنتَ					
أنتِ					
أنتما					
أنتم					
أنتنّ					
هو	اِسْتَوْصَفَ	يَسْتَوْصِفُ			
هي					
هما					
هما					
هم					
هنّ					

البابُ العاشِر

M26	اِسْتَفْعَلَ يَسْتَفْعِلُ				
	الْماضي	الْمُضارِعُ الْمَرْفوعُ	الْمُضارِعُ الْمَنْصوبُ	الْمُضارِعُ الْمَجْزومُ	الْأَمْرُ
أنا	اِسْتَعْدَدْتُ	أَسْتَعِدُّ	أَسْتَعِدَّ	أَسْتَعِدَّ	
نحن	اِسْتَعْدَدْنَا	نَسْتَعِدُّ	نَسْتَعِدَّ	نَسْتَعِدَّ	
أنتَ	اِسْتَعْدَدْتَ	تَسْتَعِدُّ	تَسْتَعِدَّ	تَسْتَعِدَّ	اِسْتَعِدَّ
أنتِ	اِسْتَعْدَدْتِ	تَسْتَعِدِّينَ	تَسْتَعِدِّي	تَسْتَعِدِّي	اِسْتَعِدِّي
أنتما	اِسْتَعْدَدْتُمَا	تَسْتَعِدَّانِ	تَسْتَعِدَّا	تَسْتَعِدَّا	اِسْتَعِدَّا
أنتم	اِسْتَعْدَدْتُمْ	تَسْتَعِدُّونَ	تَسْتَعِدُّوا	تَسْتَعِدُّوا	اِسْتَعِدُّوا
أنتنّ	اِسْتَعْدَدْتُنَّ	تَسْتَعْدِدْنَ	تَسْتَعْدِدْنَ	تَسْتَعْدِدْنَ	اِسْتَعْدِدْنَ
هو	اِسْتَعَدَّ	يَسْتَعِدُّ	يَسْتَعِدَّ	يَسْتَعِدَّ	
هي	اِسْتَعَدَّتْ	تَسْتَعِدُّ	تَسْتَعِدَّ	تَسْتَعِدَّ	
هما	اِسْتَعَدَّا	يَسْتَعِدَّانِ	يَسْتَعِدَّا	يَسْتَعِدَّا	
هما	اِسْتَعَدَّتَا	تَسْتَعِدَّانِ	تَسْتَعِدَّا	تَسْتَعِدَّا	
هم	اِسْتَعَدُّوا	يَسْتَعِدُّونَ	يَسْتَعِدُّوا	يَسْتَعِدُّوا	
هنّ	اِسْتَعْدَدْنَ	يَسْتَعْدِدْنَ	يَسْتَعْدِدْنَ	يَسْتَعْدِدْنَ	

البابُ العاشِر

102	إِسْتَفْعَلَ يَسْتَفْعِلُ				
	الْماضي	الْمُضارِعُ الْمَرْفُوعُ	الْمُضارِعُ الْمَنْصُوبُ	الْمُضارِعُ الْمَجْزُومُ	الْأَمْرُ
أنا					
نحن					
أنتَ					
أنتِ					
أنتما					
أنتم					
أنتنّ					
هو	إِسْتَحَمَّ	يَسْتَحِمُّ			
هي					
هما					
هما					
هم					
هنّ					

البابُ العاشِر

103	إِسْتَفْعَلَ يَسْتَفْعِلُ				
	الْماضِي	الْمُضارِعُ الْمَرْفُوعُ	الْمُضارِعُ الْمَنْصُوبُ	الْمُضارِعُ الْمَجْزُومُ	الأَمْرُ
أنا					
نحن					
أنتَ					
أنتِ					
أنتما					
أنتم					
أنتنّ					
هو	إِسْتَحَبَّ	يَسْتَحِبُّ			
هي					
هما					
هما					
هم					
هنّ					

البابُ العاشِر

M27	اِسْتَفْعَلَ يَسْتَفْعِلُ				
	الْماضِي	الْمُضارِعُ الْمَرْفُوعُ	الْمُضارِعُ الْمَنْصُوبُ	الْمُضارِعُ الْمَجْزُومُ	الأَمْرُ
أنا	اِسْتَفَدْتُ	أَسْتَفِيدُ	أَسْتَفِيدَ	أَسْتَفِدْ	
نحن	اِسْتَفَدْنَا	نَسْتَفِيدُ	نَسْتَفِيدَ	نَسْتَفِدْ	
أنتَ	اِسْتَفَدْتَ	تَسْتَفِيدُ	تَسْتَفِيدَ	تَسْتَفِدْ	اِسْتَفِدْ
أنتِ	اِسْتَفَدْتِ	تَسْتَفِيدِينَ	تَسْتَفِيدِي	تَسْتَفِيدِي	اِسْتَفِيدِي
أنتما	اِسْتَفَدْتُمَا	تَسْتَفِيدَانِ	تَسْتَفِيدَا	تَسْتَفِيدَا	اِسْتَفِيدَا
أنتم	اِسْتَفَدْتُمْ	تَسْتَفِيدُونَ	تَسْتَفِيدُوا	تَسْتَفِيدُوا	اِسْتَفِيدُوا
أنتنّ	اِسْتَفَدْتُنَّ	تَسْتَفِدْنَ	تَسْتَفِدْنَ	تَسْتَفِدْنَ	اِسْتَفِدْنَ
هو	**اِسْتَفَادَ**	**يَسْتَفِيدُ**	يَسْتَفِيدَ	يَسْتَفِدْ	
هي	اِسْتَفَادَتْ	تَسْتَفِيدُ	تَسْتَفِيدَ	تَسْتَفِدْ	
هما	اِسْتَفَادَا	يَسْتَفِيدَانِ	يَسْتَفِيدَا	يَسْتَفِيدَا	
هما	اِسْتَفَادَتَا	تَسْتَفِيدَانِ	تَسْتَفِيدَا	تَسْتَفِيدَا	
هم	اِسْتَفَادُوا	يَسْتَفِيدُونَ	يَسْتَفِيدُوا	يَسْتَفِيدُوا	
هنّ	اِسْتَفَدْنَ	يَسْتَفِدْنَ	يَسْتَفِدْنَ	يَسْتَفِدْنَ	

البابُ العاشِر

104	اِسْتَفْعَلَ يَسْتَفْعِلُ				
	الْماضي	الْمُضارِعُ الْمَرْفوع	الْمُضارِعُ الْمَنْصوب	الْمُضارِعُ الْمَجْزوم	الأَمْرُ
أنا					
نحن					
أنتَ					
أنتِ					
أنتما					
أنتم					
أنتنّ					
هو	اِسْتَعانَ	يَسْتَعِينُ			
هي					
هما					
هما					
هم					
هنّ					

البابُ العاشِر

105	إِسْتَفْعَلَ يَسْتَفْعِلُ				
	الْماضي	الْمُضارِعُ الْمَرْفُوعُ	الْمُضارِعُ الْمَنْصُوبُ	الْمُضارِعُ الْمَجْزُومُ	الْأَمْرُ
أنا					
نحن					
أنتَ					
أنتِ					
أنتما					
أنتم					
أنتنّ					
هو	إِسْتَرَاحَ	يَسْتَرِيحُ			
هي					
هما					
هما					
هم					
هنّ					

البابُ العاشِر

M28	اِسْتَفْعَلَ يَسْتَفْعِلُ				
	الْمَاضِي	الْمُضَارِعُ الْمَرْفُوعُ	الْمُضَارِعُ الْمَنْصُوبُ	الْمُضَارِعُ الْمَجْزُومُ	الْأَمْرُ
أنا	اِسْتَهْدَيْتُ	أَسْتَهْدِي	أَسْتَهْدِيَ	أَسْتَهْدِ	
نحن	اِسْتَهْدَيْنَا	نَسْتَهْدِي	نَسْتَهْدِيَ	نَسْتَهْدِ	
أنتَ	اِسْتَهْدَيْتَ	تَسْتَهْدِي	تَسْتَهْدِيَ	تَسْتَهْدِ	اِسْتَهْدِ
أنتِ	اِسْتَهْدَيْتِ	تَسْتَهْدِينَ	تَسْتَهْدِي	تَسْتَهْدِي	اِسْتَهْدِي
أنتما	اِسْتَهْدَيْتُمَا	تَسْتَهْدِيَانِ	تَسْتَهْدِيَا	تَسْتَهْدِيَا	اِسْتَهْدِيَا
أنتم	اِسْتَهْدَيْتُمْ	تَسْتَهْدُونَ	تَسْتَهْدُوا	تَسْتَهْدُوا	اِسْتَهْدُوا
أنتنّ	اِسْتَهْدَيْتُنَّ	تَسْتَهْدِينَ	تَسْتَهْدِينَ	تَسْتَهْدِينَ	اِسْتَهْدِينَ
هو	اِسْتَهْدَى	يَسْتَهْدِي	يَسْتَهْدِيَ	يَسْتَهْدِ	
هي	اِسْتَهْدَتْ	تَسْتَهْدِي	تَسْتَهْدِيَ	تَسْتَهْدِ	
هما	اِسْتَهْدَيَا	يَسْتَهْدِيَانِ	يَسْتَهْدِيَا	يَسْتَهْدِيَا	
هما	اِسْتَهْدَتَا	تَسْتَهْدِيَانِ	تَسْتَهْدِيَا	تَسْتَهْدِيَا	
هم	اِسْتَهْدَوْا	يَسْتَهْدُونَ	يَسْتَهْدُوا	يَسْتَهْدُوا	
هنّ	اِسْتَهْدَيْنَ	يَسْتَهْدِينَ	يَسْتَهْدِينَ	يَسْتَهْدِينَ	

البـابُ العـاشِـر

106	اِسْتَفْعَلَ يَسْتَفْعِلُ				
	الْماضي	الْمُضارِعُ الْمَرْفُوع	الْمُضارِعُ الْمَنْصُوبُ	الْمُضارِعُ الْمَجْزُوم	الْأَمْرُ
أنا					
نحن					
أنتَ					
أنتِ					
أنتما					
أنتم					
أنتنّ					
هو	اِسْتَكْسَى	يَسْتَكْسِي			
هي					
هما					
هما					
هم					
هنّ					

البابُ العاشِر

107	اِسْتَفْعَلَ يَسْتَفْعِلُ				
	الماضي	الْمُضارِعُ الْمَرْفُوعُ	الْمُضارِعُ الْمَنْصُوبُ	الْمُضارِعُ الْمَجْزُومُ	الْأَمْرُ
أنا					
نحن					
أنتَ					
أنتِ					
أنتما					
أنتم					
أنتنّ					
هو	اِسْتَغْنَى	يَسْتَغْنِي			
هي					
هما					
هما					
هم					
هنّ					

البابُ العاشِر

108	اِسْتَفْعَلَ يَسْتَفْعِلُ				
	الْماضي	الْمُضارِعُ الْمَرْفُوعُ	الْمُضارِعُ الْمَنْصُوبُ	الْمُضارِعُ الْمَجْزُومُ	الأَمْرُ
أنا					
نحن					
أنتَ					
أنتِ					
أنتما					
أنتم					
أنتنّ					
هو	اِسْتَوْمَى	يَسْتَوْمِي			
هي					
هما					
هما					
هم					
هنّ					

البابُ العاشِر

109	الْماضِي	الْمُضارِعُ الْمَرْفُوعُ	الْمُضارِعُ الْمَنْصُوبُ	الْمُضارِعُ الْمَجْزُومُ	الأَمْرُ
	اِسْتَفْعَلَ يَسْتَفْعِلُ				
أنا					
نحن					
أنتَ					
أنتِ					
أنتما					
أنتم					
أنتنّ					
هو	اِسْتَكْوَى	يَسْتَكْوِي			
هي					
هما					
هما					
هم					
هنّ					

الْبَابُ الْحَادِيَ عَشَر

M29	فَعْلَلَ يُفَعْلِلُ				
	الْمَاضِي	الْمُضَارِعُ الْمَرْفُوعُ	الْمُضَارِعُ الْمَنْصُوبُ	الْمُضَارِعُ الْمَجْزُومُ	الْأَمْرُ
أنا	تَرْجَمْتُ	أُتَرْجِمُ	أُتَرْجِمَ	أُتَرْجِمْ	
نحن	تَرْجَمْنَا	نُتَرْجِمُ	نُتَرْجِمَ	نُتَرْجِمْ	
أنتَ	تَرْجَمْتَ	تُتَرْجِمُ	تُتَرْجِمَ	تُتَرْجِمْ	تَرْجِمْ
أنتِ	تَرْجَمْتِ	تُتَرْجِمِينَ	تُتَرْجِمِي	تُتَرْجِمِي	تَرْجِمِي
أنتما	تَرْجَمْتُمَا	تُتَرْجِمَانِ	تُتَرْجِمَا	تُتَرْجِمَا	تَرْجِمَا
أنتم	تَرْجَمْتُمْ	تُتَرْجِمُونَ	تُتَرْجِمُوا	تُتَرْجِمُوا	تَرْجِمُوا
أنتنّ	تَرْجَمْتُنَّ	تُتَرْجِمْنَ	تُتَرْجِمْنَ	تُتَرْجِمْنَ	تَرْجِمْنَ
هو	تَرْجَمَ	يُتَرْجِمُ	يُتَرْجِمَ	يُتَرْجِمْ	
هي	تَرْجَمَتْ	تُتَرْجِمُ	تُتَرْجِمَ	تُتَرْجِمْ	
هما	تَرْجَمَا	يُتَرْجِمَانِ	يُتَرْجِمَا	يُتَرْجِمَا	
هما	تَرْجَمَتَا	تُتَرْجِمَانِ	تُتَرْجِمَا	تُتَرْجِمَا	
هم	تَرْجَمُوا	يُتَرْجِمُونَ	يُتَرْجِمُوا	يُتَرْجِمُوا	
هنّ	تَرْجَمْنَ	يُتَرْجِمْنَ	يُتَرْجِمْنَ	يُتَرْجِمْنَ	

البابُ الحادِيَ عَشَر

110	فَعْلَلَ يُفَعْلِلُ				
	الْماضِي	الْمُضارِعُ الْمَرْفُوعُ	الْمُضارِعُ الْمَنْصُوبُ	الْمُضارِعُ الْمَجْزُومُ	الْأَمْرُ
أنا					
نحن					
أنتَ					
أنتِ					
أنتما					
أنتم					
أنتنّ					
هو	هَرْوَلَ	يُهَرْوِلُ			
هي					
هما					
هما					
هم					
هنّ					

البابُ الحادِيَ عَشَر

111	فَعْلَلَ يُفَعْلِلُ			
	الْماضي	الْمُضارِعُ الْمَرْفوعُ	الْمُضارِعُ الْمَنْصوبُ	الْمُضارِعُ الْمَجْزومُ	الأَمْرُ
أنا					
نحن					
أنتَ					
أنتِ					
أنتما					
أنتم					
أنتنّ					
هو	عَسْكَرَ	يُعَسْكِرُ			
هي					
هما					
هما					
هم					
هنّ					

البابُ الحادِيَ عَشَر

112	فَعْلَلَ يُفَعْلِلُ			
	الْماضي	الْمُضارِعُ الْمَرْفُوع	الْمُضارِعُ الْمَنْصُوب	الْمُضارِعُ الْمَجْزُوم	الأَمْر
أنا					
نحن					
أنتَ					
أنتِ					
أنتما					
أنتم					
أنتنّ					
هو	جَوْرَبَ	يُجَوْرِبُ			
هي					
هما					
هما					
هم					
هنّ					

البابُ الحادِيَ عَشَر

113	فَعْلَلَ يُفَعْلِلُ				
	الْماضِي	الْمُضارِعُ الْمَرْفُوع	الْمُضارِعُ الْمَنْصُوب	الْمُضارِعُ الْمَجْزُوم	الْأَمْر
أنا					
نحن					
أنتَ					
أنتِ					
أنتما					
أنتم					
أنتنّ					
هو	زَلْزَلَ	يُزَلْزِلُ			
هي					
هما					
هما					
هم					
هنّ					

البابُ الحادِيَ عَشَر

114	فَعْلَلَ يُفَعْلِلُ				
	الْماضِي	الْمُضارِعُ الْمَرْفُوعُ	الْمُضارِعُ الْمَنْصُوبُ	الْمُضارِعُ الْمَجْزُومُ	الْأَمْرُ
أنا					
نحن					
أنتَ					
أنتِ					
أنتما					
أنتم					
أنتنّ					
هو	قَهْقَهَ	يُقَهْقِهُ			
هي					
هما					
هما					
هم					
هنّ					

البابُ الثّانِيَ عَشَر

M30	تَفَعْلَلَ يَتَفَعْلَلُ				
	الْماضِي	الْمُضارِعُ الْمَرْفُوعُ	الْمُضارِعُ الْمَنْصُوبُ	الْمُضارِعُ الْمَجْزُومُ	الْأَمْرُ
أنا	تَزَحْلَقْتُ	أَتَزَحْلَقُ	أَتَزَحْلَقَ	أَتَزَحْلَقْ	
نحن	تَزَحْلَقْنَا	نَتَزَحْلَقُ	نَتَزَحْلَقَ	نَتَزَحْلَقْ	
أنتَ	تَزَحْلَقْتَ	تَتَزَحْلَقُ	تَتَزَحْلَقَ	تَتَزَحْلَقْ	تَزَحْلَقْ
أنتِ	تَزَحْلَقْتِ	تَتَزَحْلَقِينَ	تَتَزَحْلَقِي	تَتَزَحْلَقِي	تَزَحْلَقِي
أنتما	تَزَحْلَقْتُمَا	تَتَزَحْلَقَانِ	تَتَزَحْلَقَا	تَتَزَحْلَقَا	تَزَحْلَقَا
أنتم	تَزَحْلَقْتُمْ	تَتَزَحْلَقُونَ	تَتَزَحْلَقُوا	تَتَزَحْلَقُوا	تَزَحْلَقُوا
أنتنّ	تَزَحْلَقْتُنَّ	تَتَزَحْلَقْنَ	تَتَزَحْلَقْنَ	تَتَزَحْلَقْنَ	تَزَحْلَقْنَ
هو	تَزَحْلَقَ	يَتَزَحْلَقُ	يَتَزَحْلَقَ	يَتَزَحْلَقْ	
هي	تَزَحْلَقَتْ	تَتَزَحْلَقُ	تَتَزَحْلَقَ	تَتَزَحْلَقْ	
هما	تَزَحْلَقَا	يَتَزَحْلَقَانِ	يَتَزَحْلَقَا	يَتَزَحْلَقَا	
هما	تَزَحْلَقَتَا	تَتَزَحْلَقَانِ	تَتَزَحْلَقَا	تَتَزَحْلَقَا	
هم	تَزَحْلَقُوا	يَتَزَحْلَقُونَ	يَتَزَحْلَقُوا	يَتَزَحْلَقُوا	
هنّ	تَزَحْلَقْنَ	يَتَزَحْلَقْنَ	يَتَزَحْلَقْنَ	يَتَزَحْلَقْنَ	

البابُ الثّانِيَ عَشَر

115	تَفَعْلَلَ يَتَفَعْلَلُ				
	الْماضي	الْمُضارِعُ الْمَرْفوع	الْمُضارِعُ الْمَنْصوبُ	الْمُضارِعُ الْمَجْزومُ	الأَمْرُ
أنا					
نحن					
أنتَ					
أنتِ					
أنتما					
أنتم					
أنتنّ					
هو	تَسَرْبَلَ	يَتَسَرْبَلُ			
هي					
هما					
هما					
هم					
هنّ					

البابُ الثّانِي عَشَر

116	الماضي	المُضارِعُ المرْفوع	المُضارِعُ المَنْصوب	المُضارِعُ المَجْزوم	الأمْر
					تَفَعْلَلَ يَتَفَعْلَلُ
أنا					
نحن					
أنتَ					
أنتِ					
أنتما					
أنتم					
أنتنّ					
هو	تَسَيْطَرَ	يَتَسَيْطَرُ			
هي					
هما					
هما					
هم					
هنّ					

البابُ الثّانِيَ عَشَر

117 تَفَعْلَلَ يَتَفَعْلَلُ

	الْماضي	الْمُضارِعُ الْمَرْفوعُ	الْمُضارِعُ الْمَنْصوبُ	الْمُضارِعُ الْمَجْزومُ	الْأَمْرُ
أنا					
نحن					
أنتَ					
أنتِ					
أنتما					
أنتم					
أنتنّ					
هو	تَصَعْلَكَ	يَتَصَعْلَكُ			
هي					
هما					
هما					
هم					
هنّ					

الباب الثّانِيَ عَشَر

118	تَفَعْلَلَ يَتَفَعْلَلُ				
	الْماضِي	الْمُضارِعُ الْمَرْفُوعُ	الْمُضارِعُ الْمَنْصُوبُ	الْمُضارِعُ الْمَجْزُومُ	الْأَمْرُ
أنا					
نحن					
أنتَ					
أنتِ					
أنتما					
أنتم					
أنتنّ					
هو	تَزَحْزَحَ	يَتَزَحْزَحُ			
هي					
هما					
هما					
هم					
هنّ					

البابُ الثّانِيَ عَشَر

119	تَفَعْلَلَ يَتَفَعْلَلُ				
	الْماضي	الْمُضارِعُ الْمَرْفُوعُ	الْمُضارِعُ الْمَنْصُوبُ	الْمُضارِعُ الْمَجْزُومُ	الأَمْرُ
أنا					
نحن					
أنتَ					
أنتِ					
أنتما					
أنتم					
أنتنّ					
هو	تَمَضْمَضَ	يَتَمَضْمَضُ			
هي					
هما					
هما					
هم					
هنّ					

البابُ الثّالِثَ عَشَر

M31					
	إِفْعَنْلَلَ يَفْعَنْلِلُ				
	الْماضِي	الْمُضارِعُ الْمَرْفوعُ	الْمُضارِعُ الْمَنْصُوبُ	الْمُضارِعُ الْمَجْزُومُ	الأَمْرُ
أنا	اِفْرَنْقَعْتُ	أَفْرَنْقِعُ	أَفْرَنْقِعَ	أَفْرَنْقِعْ	
نحن	اِفْرَنْقَعْنَا	نَفْرَنْقِعُ	نَفْرَنْقِعَ	نَفْرَنْقِعْ	
أنتَ	اِفْرَنْقَعْتَ	تَفْرَنْقِعُ	تَفْرَنْقِعَ	تَفْرَنْقِعْ	اِفْرَنْقِعْ
أنتِ	اِفْرَنْقَعْتِ	تَفْرَنْقِعِينَ	تَفْرَنْقِعِي	تَفْرَنْقِعِي	اِفْرَنْقِعِي
أنتما	اِفْرَنْقَعْتُمَا	تَفْرَنْقِعَانِ	تَفْرَنْقِعَا	تَفْرَنْقِعَا	اِفْرَنْقِعَا
أنتم	اِفْرَنْقَعْتُمْ	تَفْرَنْقِعُونَ	تَفْرَنْقِعُوا	تَفْرَنْقِعُوا	اِفْرَنْقِعُوا
أنتنّ	اِفْرَنْقَعْتُنَّ	تَفْرَنْقِعْنَ	تَفْرَنْقِعْنَ	تَفْرَنْقِعْنَ	اِفْرَنْقِعْنَ
هو	**اِفْرَنْقَعَ**	**يَفْرَنْقِعُ**	يَفْرَنْقِعَ	يَفْرَنْقِعْ	
هي	اِفْرَنْقَعَتْ	تَفْرَنْقِعُ	تَفْرَنْقِعَ	تَفْرَنْقِعْ	
هما	اِفْرَنْقَعَا	يَفْرَنْقِعَانِ	يَفْرَنْقِعَا	يَفْرَنْقِعَا	
هما	اِفْرَنْقَعَتَا	تَفْرَنْقِعَانِ	تَفْرَنْقِعَا	تَفْرَنْقِعَا	
هم	اِفْرَنْقَعُوا	يَفْرَنْقِعُونَ	يَفْرَنْقِعُوا	يَفْرَنْقِعُوا	
هنّ	اِفْرَنْقَعْنَ	يَفْرَنْقِعْنَ	يَفْرَنْقِعْنَ	يَفْرَنْقِعْنَ	

البابُ الثّالِثَ عَشَر

120	اِفْعَنْلَلَ يَفْعَنْلِلُ				
	الْماضي	الْمُضارِعُ الْمَرْفُوعُ	الْمُضارِعُ الْمَنْصُوبُ	الْمُضارِعُ الْمَجْزُومُ	الأَمْرُ
أنا					
نحن					
أنتَ					
أنتِ					
أنتما					
أنتم					
أنتنّ					
هو	اِحْرَنْجَمَ	يَحْرَنْجِمُ			
هي					
هما					
هما					
هم					
هنّ					

البابُ الثّالِثَ عَشَر

121	اِفْعَنْلَلَ يَفْعَنْلِلُ				
	الْماضي	الْمُضارِعُ الْمَرْفُوعُ	الْمُضارِعُ الْمَنْصُوبُ	الْمُضارِعُ الْمَجْزُومُ	الأَمْرُ
أنا					
نحن					
أنتَ					
أنتِ					
أنتما					
أنتم					
أنتنّ					
هو	اِقْعَنْسَسَ	يَقْعَنْسِسُ			
هي					
هما					
هما					
هم					
هنّ					

البابُ الثّالِثَ عَشَر

122	اِفْعَنْلَلَ يَفْعَنْلِلُ				
	الْماضي	الْمُضارِعُ الْمَرْفُوعُ	الْمُضارِعُ الْمَنْصُوبُ	الْمُضارِعُ الْمَجْزُومُ	الأَمْرُ
أنا					
نحن					
أنتَ					
أنتِ					
أنتما					
أنتم					
أنتنّ					
هو	اِحْرَنْبَى	يَحْرَنْبِي			
هي					
هما					
هما					
هم					
هنّ					

البابُ الرّابِعَ عشَر

M32	اِفْعَلَلَّ يَفْعَلِلُّ				
	الْماضي	الْمُضارِعُ الْمَرْفوعُ	الْمُضارِعُ الْمَنْصوبُ	الْمُضارِعُ الْمَجْزومُ	الْأَمْرُ
أنا	اِشْمَأْزَزْتُ	أَشْمَئِزُّ	أَشْمَئِزَّ	أَشْمَئِزَّ	
نحن	اِشْمَأْزَزْنَا	نَشْمَئِزُّ	نَشْمَئِزَّ	نَشْمَئِزَّ	
أنتَ	اِشْمَأْزَزْتَ	تَشْمَئِزُّ	تَشْمَئِزَّ	تَشْمَئِزَّ	اِشْمَئِزَّ
أنتِ	اِشْمَأْزَزْتِ	تَشْمَئِزِّينَ	تَشْمَئِزِّي	تَشْمَئِزِّي	اِشْمَئِزِّي
أنتما	اِشْمَأْزَزْتُمَا	تَشْمَئِزَّانِ	تَشْمَئِزَّا	تَشْمَئِزَّا	اِشْمَئِزَّا
أنتم	اِشْمَأْزَزْتُمْ	تَشْمَئِزُّونَ	تَشْمَئِزُّوا	تَشْمَئِزُّوا	اِشْمَئِزُّوا
أنتنّ	اِشْمَأْزَزْتُنَّ	تَشْمَأْزِزْنَ	تَشْمَأْزِزْنَ	تَشْمَأْزِزْنَ	اِشْمَأْزِزْنَ
هو	**اِشْمَأَزَّ**	**يَشْمَئِزُّ**	يَشْمَئِزَّ	يَشْمَئِزَّ	
هي	اِشْمَأَزَّتْ	تَشْمَئِزُّ	تَشْمَئِزَّ	تَشْمَئِزَّ	
هما	اِشْمَأَزَّا	يَشْمَئِزَّانِ	يَشْمَئِزَّا	يَشْمَئِزَّا	
هما	اِشْمَأَزَّتَا	تَشْمَئِزَّانِ	تَشْمَئِزَّا	تَشْمَئِزَّا	
هم	اِشْمَأَزُّوا	يَشْمَئِزُّونَ	يَشْمَئِزُّوا	يَشْمَئِزُّوا	
هنّ	اِشْمَأْزَزْنَ	يَشْمَأْزِزْنَ	يَشْمَأْزِزْنَ	يَشْمَأْزِزْنَ	

البابُ الرّابِعَ عَشَر

123 اِفْعَلَلَّ يَفْعَلِلُّ

	الْماضي	الْمُضارِعُ الْمَرْفوع	الْمُضارِعُ الْمَنْصوبُ	الْمُضارِعُ الْمَجْزوم	الأَمْر
أنا					
نحن					
أنتَ					
أنتِ					
أنتما					
أنتم					
أنتنّ					
هو	اِطْمَأَنَّ	يَطْمَئِنُّ			
هي					
هما					
هما					
هم					
هنّ					

البابُ الرّابِعَ عَشَر

124	اِفْعَلَلَّ يَفْعَلِلُّ				
	الْماضِي	الْمُضارِعُ الْمَرْفُوعُ	الْمُضارِعُ الْمَنْصُوبُ	الْمُضارِعُ الْمَجْزُومُ	الأَمْرُ
أنا					
نحن					
أنتَ					
أنتِ					
أنتما					
أنتم					
أنتنّ					
هو	اِسْبَطَرَّ	يَسْبَطِرُّ			
هي					
هما					
هما					
هم					
هنّ					

البابُ الرّابِعَ عشَر

125	الْماضي	الْمُضارِعُ الْمَرْفُوعُ	الْمُضارِعُ الْمَنْصُوبُ	الْمُضارِعُ الْمَجْزُومُ	الأَمْرُ
			إِفْعَلَلَّ يَفْعَلِلُّ		
أنا					
نحن					
أنتَ					
أنتِ					
أنتما					
أنتم					
أنتنّ					
هو	اِشْمَعَلَّ	يَشْمَعِلُّ			
هي					
هما					
هما					
هم					
هنّ					

Tome 4 Médine Conjugaison *La maîtrises-tu ?* C O R R E C T I O N

1	الماضي	المُضارِعُ المرْفوعُ	المُضارِعُ المنْصوبُ	المُضارِعُ المجْزومُ	الأمْرُ
أنا	رَتَّبْتُ	أُرَتِّبُ	أُرَتِّبَ	أُرَتِّبْ	
نحن	رَتَّبْنَا	نُرَتِّبُ	نُرَتِّبَ	نُرَتِّبْ	
أنتَ	رَتَّبْتَ	تُرَتِّبُ	تُرَتِّبَ	تُرَتِّبْ	رَتِّبْ
أنتِ	رَتَّبْتِ	تُرَتِّبِينَ	تُرَتِّبِي	تُرَتِّبِي	رَتِّبِي
أنتما	رَتَّبْتُمَا	تُرَتِّبَانِ	تُرَتِّبَا	تُرَتِّبَا	رَتِّبَا
أنتم	رَتَّبْتُمْ	تُرَتِّبُونَ	تُرَتِّبُوا	تُرَتِّبُوا	رَتِّبُوا
أنتنّ	رَتَّبْتُنَّ	تُرَتِّبْنَ	تُرَتِّبْنَ	تُرَتِّبْنَ	رَتِّبْنَ
هو	**رَتَّبَ**	**يُرَتِّبُ**	يُرَتِّبَ	يُرَتِّبْ	
هي	رَتَّبَتْ	تُرَتِّبُ	تُرَتِّبَ	تُرَتِّبْ	
هما	رَتَّبَا	يُرَتِّبَانِ	يُرَتِّبَا	يُرَتِّبَا	
هما	رَتَّبَتَا	تُرَتِّبَانِ	تُرَتِّبَا	تُرَتِّبَا	
هم	رَتَّبُوا	يُرَتِّبُونَ	يُرَتِّبُوا	يُرَتِّبُوا	
هنّ	رَتَّبْنَ	يُرَتِّبْنَ	يُرَتِّبْنَ	يُرَتِّبْنَ	

2	الماضي	المُضارِعُ المرْفوعُ	المُضارِعُ المنْصوبُ	المُضارِعُ المجْزومُ	الأمْرُ
أنا	دَرَّسْتُ	أُدَرِّسُ	أُدَرِّسَ	أُدَرِّسْ	
نحن	دَرَّسْنَا	نُدَرِّسُ	نُدَرِّسَ	نُدَرِّسْ	
أنتَ	دَرَّسْتَ	تُدَرِّسُ	تُدَرِّسَ	تُدَرِّسْ	دَرِّسْ
أنتِ	دَرَّسْتِ	تُدَرِّسِينَ	تُدَرِّسِي	تُدَرِّسِي	دَرِّسِي
أنتما	دَرَّسْتُمَا	تُدَرِّسَانِ	تُدَرِّسَا	تُدَرِّسَا	دَرِّسَا
أنتم	دَرَّسْتُمْ	تُدَرِّسُونَ	تُدَرِّسُوا	تُدَرِّسُوا	دَرِّسُوا
أنتنّ	دَرَّسْتُنَّ	تُدَرِّسْنَ	تُدَرِّسْنَ	تُدَرِّسْنَ	دَرِّسْنَ
هو	**دَرَّسَ**	**يُدَرِّسُ**	يُدَرِّسَ	يُدَرِّسْ	
هي	دَرَّسَتْ	تُدَرِّسُ	تُدَرِّسَ	تُدَرِّسْ	
هما	دَرَّسَا	يُدَرِّسَانِ	يُدَرِّسَا	يُدَرِّسَا	
هما	دَرَّسَتَا	تُدَرِّسَانِ	تُدَرِّسَا	تُدَرِّسَا	
هم	دَرَّسُوا	يُدَرِّسُونَ	يُدَرِّسُوا	يُدَرِّسُوا	
هنّ	دَرَّسْنَ	يُدَرِّسْنَ	يُدَرِّسْنَ	يُدَرِّسْنَ	

Tome 4 Médine Conjugaison La maîtrises-tu ? C O R R E C T I O N

3	الماضي	المُضارِعُ المرفوعُ	المُضارِعُ المنصوبُ	المُضارِعُ المجزومُ	الأمرُ
أنا	هَنَّأْتُ	أُهَنِّئُ	أُهَنِّئَ	أُهَنِّئْ	
نحن	هَنَّأْنَا	نُهَنِّئُ	نُهَنِّئَ	نُهَنِّئْ	
أنتَ	هَنَّأْتَ	تُهَنِّئُ	تُهَنِّئَ	تُهَنِّئْ	هَنِّئْ
أنتِ	هَنَّأْتِ	تُهَنِّئِينَ	تُهَنِّئِي	تُهَنِّئِي	هَنِّئِي
أنتما	هَنَّأْتُمَا	تُهَنِّئَانِ	تُهَنِّئَا	تُهَنِّئَا	هَنِّئَا
أنتم	هَنَّأْتُمْ	تُهَنِّئُونَ	تُهَنِّئُوا	تُهَنِّئُوا	هَنِّئُوا
أنتنّ	هَنَّأْتُنَّ	تُهَنِّئْنَ	تُهَنِّئْنَ	تُهَنِّئْنَ	هَنِّئْنَ
هو	**هَنَّأَ**	**يُهَنِّئُ**	يُهَنِّئَ	يُهَنِّئْ	
هي	هَنَّأَتْ	تُهَنِّئُ	تُهَنِّئَ	تُهَنِّئْ	
هما	هَنَّآ	يُهَنِّئَانِ	يُهَنِّئَا	يُهَنِّئَا	
هما	هَنَّأَتَا	تُهَنِّئَانِ	تُهَنِّئَا	تُهَنِّئَا	
هم	هَنَّئُوا	يُهَنِّئُونَ	يُهَنِّئُوا	يُهَنِّئُوا	
هنّ	هَنَّأْنَ	يُهَنِّئْنَ	يُهَنِّئْنَ	يُهَنِّئْنَ	

4	الماضي	المُضارِعُ المرفوعُ	المُضارِعُ المنصوبُ	المُضارِعُ المجزومُ	الأمرُ
أنا	كَرَّرْتُ	أُكَرِّرُ	أُكَرِّرَ	أُكَرِّرْ	
نحن	كَرَّرْنَا	نُكَرِّرُ	نُكَرِّرَ	نُكَرِّرْ	
أنتَ	كَرَّرْتَ	تُكَرِّرُ	تُكَرِّرَ	تُكَرِّرْ	كَرِّرْ
أنتِ	كَرَّرْتِ	تُكَرِّرِينَ	تُكَرِّرِي	تُكَرِّرِي	كَرِّرِي
أنتما	كَرَّرْتُمَا	تُكَرِّرَانِ	تُكَرِّرَا	تُكَرِّرَا	كَرِّرَا
أنتم	كَرَّرْتُمْ	تُكَرِّرُونَ	تُكَرِّرُوا	تُكَرِّرُوا	كَرِّرُوا
أنتنّ	كَرَّرْتُنَّ	تُكَرِّرْنَ	تُكَرِّرْنَ	تُكَرِّرْنَ	كَرِّرْنَ
هو	**كَرَّرَ**	**يُكَرِّرُ**	يُكَرِّرَ	يُكَرِّرْ	
هي	كَرَّرَتْ	تُكَرِّرُ	تُكَرِّرَ	تُكَرِّرْ	
هما	كَرَّرَا	يُكَرِّرَانِ	يُكَرِّرَا	يُكَرِّرَا	
هما	كَرَّرَتَا	تُكَرِّرَانِ	تُكَرِّرَا	تُكَرِّرَا	
هم	كَرَّرُوا	يُكَرِّرُونَ	يُكَرِّرُوا	يُكَرِّرُوا	
هنّ	كَرَّرْنَ	يُكَرِّرْنَ	يُكَرِّرْنَ	يُكَرِّرْنَ	

الأمر	المضارع المجزوم	المضارع المنصوب	المضارع المرفوع	الماضي	5
	أُوَزِّعْ	أُوَزِّعَ	أُوَزِّعُ	وَزَّعْتُ	أنا
	نُوَزِّعْ	نُوَزِّعَ	نُوَزِّعُ	وَزَّعْنَا	نحن
وَزِّعْ	تُوَزِّعْ	تُوَزِّعَ	تُوَزِّعُ	وَزَّعْتَ	أنتَ
وَزِّعِي	تُوَزِّعِي	تُوَزِّعِي	تُوَزِّعِينَ	وَزَّعْتِ	أنتِ
وَزِّعَا	تُوَزِّعَا	تُوَزِّعَا	تُوَزِّعَانِ	وَزَّعْتُمَا	أنتما
وَزِّعُوا	تُوَزِّعُوا	تُوَزِّعُوا	تُوَزِّعُونَ	وَزَّعْتُمْ	أنتم
وَزِّعْنَ	تُوَزِّعْنَ	تُوَزِّعْنَ	تُوَزِّعْنَ	وَزَّعْتُنَّ	أنتنّ
	يُوَزِّعْ	يُوَزِّعَ	**يُوَزِّعُ**	**وَزَّعَ**	هو
	تُوَزِّعْ	تُوَزِّعَ	تُوَزِّعُ	وَزَّعَتْ	هي
	يُوَزِّعَا	يُوَزِّعَا	يُوَزِّعَانِ	وَزَّعَا	هما
	تُوَزِّعَا	تُوَزِّعَا	تُوَزِّعَانِ	وَزَّعَتَا	هما
	يُوَزِّعُوا	يُوَزِّعُوا	يُوَزِّعُونَ	وَزَّعُوا	هم
	يُوَزِّعْنَ	يُوَزِّعْنَ	يُوَزِّعْنَ	وَزَّعْنَ	هنّ

الأمر	المضارع المجزوم	المضارع المنصوب	المضارع المرفوع	الماضي	6
	أُيَسِّرْ	أُيَسِّرَ	أُيَسِّرُ	يَسَّرْتُ	أنا
	نُيَسِّرْ	نُيَسِّرَ	نُيَسِّرُ	يَسَّرْنَا	نحن
يَسِّرْ	تُيَسِّرْ	تُيَسِّرَ	تُيَسِّرُ	يَسَّرْتَ	أنتَ
يَسِّرِي	تُيَسِّرِي	تُيَسِّرِي	تُيَسِّرِينَ	يَسَّرْتِ	أنتِ
يَسِّرَا	تُيَسِّرَا	تُيَسِّرَا	تُيَسِّرَانِ	يَسَّرْتُمَا	أنتما
يَسِّرُوا	تُيَسِّرُوا	تُيَسِّرُوا	تُيَسِّرُونَ	يَسَّرْتُمْ	أنتم
يَسِّرْنَ	تُيَسِّرْنَ	تُيَسِّرْنَ	تُيَسِّرْنَ	يَسَّرْتُنَّ	أنتنّ
	يُيَسِّرْ	يُيَسِّرَ	**يُيَسِّرُ**	**يَسَّرَ**	هو
	تُيَسِّرْ	تُيَسِّرَ	تُيَسِّرُ	يَسَّرَتْ	هي
	يُيَسِّرَا	يُيَسِّرَا	يُيَسِّرَانِ	يَسَّرَا	هما
	تُيَسِّرَا	تُيَسِّرَا	تُيَسِّرَانِ	يَسَّرَتَا	هما
	يُيَسِّرُوا	يُيَسِّرُوا	يُيَسِّرُونَ	يَسَّرُوا	هم
	يُيَسِّرْنَ	يُيَسِّرْنَ	يُيَسِّرْنَ	يَسَّرْنَ	هنّ

7	الماضي	المضارع المرفوع	المضارع المنصوب	المضارع المجزوم	الأمر
أنا	جَوَّدْتُ	أُجَوِّدُ	أُجَوِّدَ	أُجَوِّدْ	
نحن	جَوَّدْنَا	نُجَوِّدُ	نُجَوِّدَ	نُجَوِّدْ	
أنتَ	جَوَّدْتَ	تُجَوِّدُ	تُجَوِّدَ	تُجَوِّدْ	جَوِّدْ
أنتِ	جَوَّدْتِ	تُجَوِّدِينَ	تُجَوِّدِي	تُجَوِّدِي	جَوِّدِي
أنتما	جَوَّدْتُمَا	تُجَوِّدَانِ	تُجَوِّدَا	تُجَوِّدَا	جَوِّدَا
أنتم	جَوَّدْتُمْ	تُجَوِّدُونَ	تُجَوِّدُوا	تُجَوِّدُوا	جَوِّدُوا
أنتنّ	جَوَّدْتُنَّ	تُجَوِّدْنَ	تُجَوِّدْنَ	تُجَوِّدْنَ	جَوِّدْنَ
هو	**جَوَّدَ**	**يُجَوِّدُ**	يُجَوِّدَ	يُجَوِّدْ	
هي	جَوَّدَتْ	تُجَوِّدُ	تُجَوِّدَ	تُجَوِّدْ	
هما	جَوَّدَا	يُجَوِّدَانِ	يُجَوِّدَا	يُجَوِّدَا	
هما	جَوَّدَتَا	تُجَوِّدَانِ	تُجَوِّدَا	تُجَوِّدَا	
هم	جَوَّدُوا	يُجَوِّدُونَ	يُجَوِّدُوا	يُجَوِّدُوا	
هنّ	جَوَّدْنَ	يُجَوِّدْنَ	يُجَوِّدْنَ	يُجَوِّدْنَ	

8	الماضي	المضارع المرفوع	المضارع المنصوب	المضارع المجزوم	الأمر
أنا	ضَيَّعْتُ	أُضَيِّعُ	أُضَيِّعَ	أُضَيِّعْ	
نحن	ضَيَّعْنَا	نُضَيِّعُ	نُضَيِّعَ	نُضَيِّعْ	
أنتَ	ضَيَّعْتَ	تُضَيِّعُ	تُضَيِّعَ	تُضَيِّعْ	ضَيِّعْ
أنتِ	ضَيَّعْتِ	تُضَيِّعِينَ	تُضَيِّعِي	تُضَيِّعِي	ضَيِّعِي
أنتما	ضَيَّعْتُمَا	تُضَيِّعَانِ	تُضَيِّعَا	تُضَيِّعَا	ضَيِّعَا
أنتم	ضَيَّعْتُمْ	تُضَيِّعُونَ	تُضَيِّعُوا	تُضَيِّعُوا	ضَيِّعُوا
أنتنّ	ضَيَّعْتُنَّ	تُضَيِّعْنَ	تُضَيِّعْنَ	تُضَيِّعْنَ	ضَيِّعْنَ
هو	**ضَيَّعَ**	**يُضَيِّعُ**	يُضَيِّعَ	يُضَيِّعْ	
هي	ضَيَّعَتْ	تُضَيِّعُ	تُضَيِّعَ	تُضَيِّعْ	
هما	ضَيَّعَا	يُضَيِّعَانِ	يُضَيِّعَا	يُضَيِّعَا	
هما	ضَيَّعَتَا	تُضَيِّعَانِ	تُضَيِّعَا	تُضَيِّعَا	
هم	ضَيَّعُوا	يُضَيِّعُونَ	يُضَيِّعُوا	يُضَيِّعُوا	
هنّ	ضَيَّعْنَ	يُضَيِّعْنَ	يُضَيِّعْنَ	يُضَيِّعْنَ	

Tome 4 Médine Conjugaison *La maîtrises-tu ?* C O R R E C T I O N

9	الماضي	المُضارِعُ المرْفوعُ	المُضارِعُ المنصُوبُ	المُضارِعُ المجْزُومُ	الأمْرُ
أنا	رَبَّيْتُ	أُرَبِّي	أُرَبِّيَ	أُرَبِّ	
نحن	رَبَّيْنَا	نُرَبِّي	نُرَبِّيَ	نُرَبِّ	
أنتَ	رَبَّيْتَ	تُرَبِّي	تُرَبِّيَ	تُرَبِّ	رَبِّ
أنتِ	رَبَّيْتِ	تُرَبِّينَ	تُرَبِّي	تُرَبِّي	رَبِّي
أنتما	رَبَّيْتُمَا	تُرَبِّيَانِ	تُرَبِّيَا	تُرَبِّيَا	رَبِّيَا
أنتم	رَبَّيْتُمْ	تُرَبُّونَ	تُرَبُّوا	تُرَبُّوا	رَبُّوا
أنتنّ	رَبَّيْتُنَّ	تُرَبِّينَ	تُرَبِّينَ	تُرَبِّينَ	رَبِّينَ
هو	**رَبَّى**	**يُرَبِّي**	يُرَبِّيَ	يُرَبِّ	
هي	رَبَّتْ	تُرَبِّي	تُرَبِّيَ	تُرَبِّ	
هما	رَبَّيَا	يُرَبِّيَانِ	يُرَبِّيَا	يُرَبِّيَا	
هما	رَبَّتَا	تُرَبِّيَانِ	تُرَبِّيَا	تُرَبِّيَا	
هم	رَبَّوْا	يُرَبُّونَ	يُرَبُّوا	يُرَبُّوا	
هنّ	رَبَّيْنَ	يُرَبِّينَ	يُرَبِّينَ	يُرَبِّينَ	

10	الماضي	المُضارِعُ المرْفوعُ	المُضارِعُ المنصُوبُ	المُضارِعُ المجْزُومُ	الأمْرُ
أنا	صَلَّيْتُ	أُصَلِّي	أُصَلِّيَ	أُصَلِّ	
نحن	صَلَّيْنَا	نُصَلِّي	نُصَلِّيَ	نُصَلِّ	
أنتَ	صَلَّيْتَ	تُصَلِّي	تُصَلِّيَ	تُصَلِّ	صَلِّ
أنتِ	صَلَّيْتِ	تُصَلِّينَ	تُصَلِّي	تُصَلِّي	صَلِّي
أنتما	صَلَّيْتُمَا	تُصَلِّيَانِ	تُصَلِّيَا	تُصَلِّيَا	صَلِّيَا
أنتم	صَلَّيْتُمْ	تُصَلُّونَ	تُصَلُّوا	تُصَلُّوا	صَلُّوا
أنتنّ	صَلَّيْتُنَّ	تُصَلِّينَ	تُصَلِّينَ	تُصَلِّينَ	صَلِّينَ
هو	**صَلَّى**	**يُصَلِّي**	يُصَلِّيَ	يُصَلِّ	
هي	صَلَّتْ	تُصَلِّي	تُصَلِّيَ	تُصَلِّ	
هما	صَلَّيَا	يُصَلِّيَانِ	يُصَلِّيَا	يُصَلِّيَا	
هما	صَلَّتَا	تُصَلِّيَانِ	تُصَلِّيَا	تُصَلِّيَا	
هم	صَلَّوْا	يُصَلُّونَ	يُصَلُّوا	يُصَلُّوا	
هنّ	صَلَّيْنَ	يُصَلِّينَ	يُصَلِّينَ	يُصَلِّينَ	

الأمر	المضارع المجزوم	المضارع المنصوب	المضارع المرفوع	الماضي	11
	أُقَوِّ	أُقَوِّيَ	أُقَوِّي	قَوَّيْتُ	أنا
	نُقَوِّ	نُقَوِّيَ	نُقَوِّي	قَوَّيْنَا	نحن
قَوِّ	تُقَوِّ	تُقَوِّيَ	تُقَوِّي	قَوَّيْتَ	أنتَ
قَوِّي	تُقَوِّي	تُقَوِّي	تُقَوِّينَ	قَوَّيْتِ	أنتِ
قَوِّيَا	تُقَوِّيَا	تُقَوِّيَا	تُقَوِّيَانِ	قَوَّيْتُمَا	أنتما
قَوُّوا	تُقَوُّوا	تُقَوُّوا	تُقَوُّونَ	قَوَّيْتُمْ	أنتم
قَوِّينَ	تُقَوِّينَ	تُقَوِّينَ	تُقَوِّينَ	قَوَّيْتُنَّ	أنتنّ
	يُقَوِّ	يُقَوِّيَ	**يُقَوِّي**	**قَوَّى**	هو
	تُقَوِّ	تُقَوِّيَ	تُقَوِّي	قَوَّتْ	هي
	يُقَوِّيَا	يُقَوِّيَا	يُقَوِّيَانِ	قَوَّيَا	هما
	تُقَوِّيَا	تُقَوِّيَا	تُقَوِّيَانِ	قَوَّتَا	هما
	يُقَوُّوا	يُقَوُّوا	يُقَوُّونَ	قَوَّوْا	هم
	يُقَوِّينَ	يُقَوِّينَ	يُقَوِّينَ	قَوَّيْنَ	هنّ

الأمر	المضارع المجزوم	المضارع المنصوب	المضارع المرفوع	الماضي	12
	أُوَصِّ	أُوَصِّيَ	أُوَصِّي	وَصَّيْتُ	أنا
	نُوَصِّ	نُوَصِّيَ	نُوَصِّي	وَصَّيْنَا	نحن
وَصِّ	تُوَصِّ	تُوَصِّيَ	تُوَصِّي	وَصَّيْتَ	أنتَ
وَصِّي	تُوَصِّي	تُوَصِّي	تُوَصِّينَ	وَصَّيْتِ	أنتِ
وَصِّيَا	تُوَصِّيَا	تُوَصِّيَا	تُوَصِّيَانِ	وَصَّيْتُمَا	أنتما
وَصُّوا	تُوَصُّوا	تُوَصُّوا	تُوَصُّونَ	وَصَّيْتُمْ	أنتم
وَصِّينَ	تُوَصِّينَ	تُوَصِّينَ	تُوَصِّينَ	وَصَّيْتُنَّ	أنتنّ
	يُوَصِّ	يُوَصِّيَ	**يُوَصِّي**	**وَصَّى**	هو
	تُوَصِّ	تُوَصِّيَ	تُوَصِّي	وَصَّتْ	هي
	يُوَصِّيَا	يُوَصِّيَا	يُوَصِّيَانِ	وَصَّيَا	هما
	تُوَصِّيَا	تُوَصِّيَا	تُوَصِّيَانِ	وَصَّتَا	هما
	يُوَصُّوا	يُوَصُّوا	يُوَصُّونَ	وَصَّوْا	هم
	يُوَصِّينَ	يُوَصِّينَ	يُوَصِّينَ	وَصَّيْنَ	هنّ

الأمْر	المُضارِعُ المَجْزُومُ	المُضارِعُ المَنْصُوبُ	المُضارِعُ المَرْفُوعُ	المَاضِي	13
	أُسَاعِدْ	أُسَاعِدَ	أُسَاعِدُ	سَاعَدْتُ	أنا
	نُسَاعِدْ	نُسَاعِدَ	نُسَاعِدُ	سَاعَدْنَا	نحن
سَاعِدْ	تُسَاعِدْ	تُسَاعِدَ	تُسَاعِدُ	سَاعَدْتَ	أنتَ
سَاعِدِي	تُسَاعِدِي	تُسَاعِدِي	تُسَاعِدِينَ	سَاعَدْتِ	أنتِ
سَاعِدَا	تُسَاعِدَا	تُسَاعِدَا	تُسَاعِدَانِ	سَاعَدْتُمَا	أنتما
سَاعِدُوا	تُسَاعِدُوا	تُسَاعِدُوا	تُسَاعِدُونَ	سَاعَدْتُمْ	أنتم
سَاعِدْنَ	تُسَاعِدْنَ	تُسَاعِدْنَ	تُسَاعِدْنَ	سَاعَدْتُنَّ	أنتنّ
	يُسَاعِدْ	يُسَاعِدَ	**يُسَاعِدُ**	**سَاعَدَ**	هو
	تُسَاعِدْ	تُسَاعِدَ	تُسَاعِدُ	سَاعَدَتْ	هي
	يُسَاعِدَا	يُسَاعِدَا	يُسَاعِدَانِ	سَاعَدَا	هما
	تُسَاعِدَا	تُسَاعِدَا	تُسَاعِدَانِ	سَاعَدَتَا	هما
	يُسَاعِدُوا	يُسَاعِدُوا	يُسَاعِدُونَ	سَاعَدُوا	هم
	يُسَاعِدْنَ	يُسَاعِدْنَ	يُسَاعِدْنَ	سَاعَدْنَ	هنّ

الأمْر	المُضارِعُ المَجْزُومُ	المُضارِعُ المَنْصُوبُ	المُضارِعُ المَرْفُوعُ	المَاضِي	14
	أُرَاجِعْ	أُرَاجِعَ	أُرَاجِعُ	رَاجَعْتُ	أنا
	نُرَاجِعْ	نُرَاجِعَ	نُرَاجِعُ	رَاجَعْنَا	نحن
رَاجِعْ	تُرَاجِعْ	تُرَاجِعَ	تُرَاجِعُ	رَاجَعْتَ	أنتَ
رَاجِعِي	تُرَاجِعِي	تُرَاجِعِي	تُرَاجِعِينَ	رَاجَعْتِ	أنتِ
رَاجِعَا	تُرَاجِعَا	تُرَاجِعَا	تُرَاجِعَانِ	رَاجَعْتُمَا	أنتما
رَاجِعُوا	تُرَاجِعُوا	تُرَاجِعُوا	تُرَاجِعُونَ	رَاجَعْتُمْ	أنتم
رَاجِعْنَ	تُرَاجِعْنَ	تُرَاجِعْنَ	تُرَاجِعْنَ	رَاجَعْتُنَّ	أنتنّ
	يُرَاجِعْ	يُرَاجِعَ	**يُرَاجِعُ**	**رَاجَعَ**	هو
	تُرَاجِعْ	تُرَاجِعَ	تُرَاجِعُ	رَاجَعَتْ	هي
	يُرَاجِعَا	يُرَاجِعَا	يُرَاجِعَانِ	رَاجَعَا	هما
	تُرَاجِعَا	تُرَاجِعَا	تُرَاجِعَانِ	رَاجَعَتَا	هما
	يُرَاجِعُوا	يُرَاجِعُوا	يُرَاجِعُونَ	رَاجَعُوا	هم
	يُرَاجِعْنَ	يُرَاجِعْنَ	يُرَاجِعْنَ	رَاجَعْنَ	هنّ

15	الماضي	المُضارِعُ المَرْفوعُ	المُضارِعُ المَنْصوبُ	المُضارِعُ المَجْزومُ	الأَمْرُ
أنا	آخَذْتُ	أُوَاخِذُ	أُوَاخِذَ	أُوَاخِذْ	
نحن	آخَذْنَا	نُؤَاخِذُ	نُؤَاخِذَ	نُؤَاخِذْ	
أنتَ	آخَذْتَ	تُؤَاخِذُ	تُؤَاخِذَ	تُؤَاخِذْ	آخِذْ
أنتِ	آخَذْتِ	تُؤَاخِذِينَ	تُؤَاخِذِي	تُؤَاخِذِي	آخِذِي
أنتما	آخَذْتُمَا	تُؤَاخِذَانِ	تُؤَاخِذَا	تُؤَاخِذَا	آخِذَا
أنتم	آخَذْتُمْ	تُؤَاخِذُونَ	تُؤَاخِذُوا	تُؤَاخِذُوا	آخِذُوا
أنتنّ	آخَذْتُنَّ	تُؤَاخِذْنَ	تُؤَاخِذْنَ	تُؤَاخِذْنَ	آخِذْنَ
هو	**آخَذَ**	**يُؤَاخِذُ**	يُؤَاخِذَ	يُؤَاخِذْ	
هي	آخَذَتْ	تُؤَاخِذُ	تُؤَاخِذَ	تُؤَاخِذْ	
هما	آخَذَا	يُؤَاخِذَانِ	يُؤَاخِذَا	يُؤَاخِذَا	
هما	آخَذَتَا	تُؤَاخِذَانِ	تُؤَاخِذَا	تُؤَاخِذَا	
هم	آخَذُوا	يُؤَاخِذُونَ	يُؤَاخِذُوا	يُؤَاخِذُوا	
هنّ	آخَذْنَ	يُؤَاخِذْنَ	يُؤَاخِذْنَ	يُؤَاخِذْنَ	

16	الماضي	المُضارِعُ المَرْفوعُ	المُضارِعُ المَنْصوبُ	المُضارِعُ المَجْزومُ	الأَمْرُ
أنا	آكَلْتُ	أُوَاكِلُ	أُوَاكِلَ	أُوَاكِلْ	
نحن	آكَلْنَا	نُؤَاكِلُ	نُؤَاكِلَ	نُؤَاكِلْ	
أنتَ	آكَلْتَ	تُؤَاكِلُ	تُؤَاكِلَ	تُؤَاكِلْ	آكِلْ
أنتِ	آكَلْتِ	تُؤَاكِلِينَ	تُؤَاكِلِي	تُؤَاكِلِي	آكِلِي
أنتما	آكَلْتُمَا	تُؤَاكِلَانِ	تُؤَاكِلَا	تُؤَاكِلَا	آكِلَا
أنتم	آكَلْتُمْ	تُؤَاكِلُونَ	تُؤَاكِلُوا	تُؤَاكِلُوا	آكِلُوا
أنتنّ	آكَلْتُنَّ	تُؤَاكِلْنَ	تُؤَاكِلْنَ	تُؤَاكِلْنَ	آكِلْنَ
هو	**آكَلَ**	**يُؤَاكِلُ**	يُؤَاكِلَ	يُؤَاكِلْ	
هي	آكَلَتْ	تُؤَاكِلُ	تُؤَاكِلَ	تُؤَاكِلْ	
هما	آكَلَا	يُؤَاكِلَانِ	يُؤَاكِلَا	يُؤَاكِلَا	
هما	آكَلَتَا	تُؤَاكِلَانِ	تُؤَاكِلَا	تُؤَاكِلَا	
هم	آكَلُوا	يُؤَاكِلُونَ	يُؤَاكِلُوا	يُؤَاكِلُوا	
هنّ	آكَلْنَ	يُؤَاكِلْنَ	يُؤَاكِلْنَ	يُؤَاكِلْنَ	

17	الماضي	المُضارعُ المرفوعُ	المُضارعُ المنصوبُ	المُضارعُ المجزومُ	الأمرُ
أنا	وَاصَلْتُ	أُوَاصِلُ	أُوَاصِلَ	أُوَاصِلْ	
نحن	وَاصَلْنَا	نُوَاصِلُ	نُوَاصِلَ	نُوَاصِلْ	
أنتَ	وَاصَلْتَ	تُوَاصِلُ	تُوَاصِلَ	تُوَاصِلْ	وَاصِلْ
أنتِ	وَاصَلْتِ	تُوَاصِلِينَ	تُوَاصِلِي	تُوَاصِلِي	وَاصِلِي
أنتما	وَاصَلْتُمَا	تُوَاصِلَانِ	تُوَاصِلَا	تُوَاصِلَا	وَاصِلَا
أنتم	وَاصَلْتُمْ	تُوَاصِلُونَ	تُوَاصِلُوا	تُوَاصِلُوا	وَاصِلُوا
أنتنّ	وَاصَلْتُنَّ	تُوَاصِلْنَ	تُوَاصِلْنَ	تُوَاصِلْنَ	وَاصِلْنَ
هو	**وَاصَلَ**	**يُوَاصِلُ**	يُوَاصِلَ	يُوَاصِلْ	
هي	وَاصَلَتْ	تُوَاصِلُ	تُوَاصِلَ	تُوَاصِلْ	
هما	وَاصَلَا	يُوَاصِلَانِ	يُوَاصِلَا	يُوَاصِلَا	
هما	وَاصَلَتَا	تُوَاصِلَانِ	تُوَاصِلَا	تُوَاصِلَا	
هم	وَاصَلُوا	يُوَاصِلُونَ	يُوَاصِلُوا	يُوَاصِلُوا	
هنّ	وَاصَلْنَ	يُوَاصِلْنَ	يُوَاصِلْنَ	يُوَاصِلْنَ	

18	الماضي	المُضارعُ المرفوعُ	المُضارعُ المنصوبُ	المُضارعُ المجزومُ	الأمرُ
أنا	يَاسَرْتُ	أُيَاسِرُ	أُيَاسِرَ	أُيَاسِرْ	
نحن	يَاسَرْنَا	نُيَاسِرُ	نُيَاسِرَ	نُيَاسِرْ	
أنتَ	يَاسَرْتَ	تُيَاسِرُ	تُيَاسِرَ	تُيَاسِرْ	يَاسِرْ
أنتِ	يَاسَرْتِ	تُيَاسِرِينَ	تُيَاسِرِي	تُيَاسِرِي	يَاسِرِي
أنتما	يَاسَرْتُمَا	تُيَاسِرَانِ	تُيَاسِرَا	تُيَاسِرَا	يَاسِرَا
أنتم	يَاسَرْتُمْ	تُيَاسِرُونَ	تُيَاسِرُوا	تُيَاسِرُوا	يَاسِرُوا
أنتنّ	يَاسَرْتُنَّ	تُيَاسِرْنَ	تُيَاسِرْنَ	تُيَاسِرْنَ	يَاسِرْنَ
هو	**يَاسَرَ**	**يُيَاسِرُ**	يُيَاسِرَ	يُيَاسِرْ	
هي	يَاسَرَتْ	تُيَاسِرُ	تُيَاسِرَ	تُيَاسِرْ	
هما	يَاسَرَا	يُيَاسِرَانِ	يُيَاسِرَا	يُيَاسِرَا	
هما	يَاسَرَتَا	تُيَاسِرَانِ	تُيَاسِرَا	تُيَاسِرَا	
هم	يَاسَرُوا	يُيَاسِرُونَ	يُيَاسِرُوا	يُيَاسِرُوا	
هنّ	يَاسَرْنَ	يُيَاسِرْنَ	يُيَاسِرْنَ	يُيَاسِرْنَ	

Tome 4 Médine Conjugaison *La maîtrises-tu ?* C O R R E C T I O N

19	الماضي	المضارع المرفوع	المضارع المنصوب	المضارع المجزوم	الأمر
أنا	قَاوَمْتُ	أُقَاوِمُ	أُقَاوِمَ	أُقَاوِمْ	
نحن	قَاوَمْنَا	نُقَاوِمُ	نُقَاوِمَ	نُقَاوِمْ	
أنتَ	قَاوَمْتَ	تُقَاوِمُ	تُقَاوِمَ	تُقَاوِمْ	قَاوِمْ
أنتِ	قَاوَمْتِ	تُقَاوِمِينَ	تُقَاوِمِي	تُقَاوِمِي	قَاوِمِي
أنتما	قَاوَمْتُمَا	تُقَاوِمَانِ	تُقَاوِمَا	تُقَاوِمَا	قَاوِمَا
أنتم	قَاوَمْتُمْ	تُقَاوِمُونَ	تُقَاوِمُوا	تُقَاوِمُوا	قَاوِمُوا
أنتنّ	قَاوَمْتُنَّ	تُقَاوِمْنَ	تُقَاوِمْنَ	تُقَاوِمْنَ	قَاوِمْنَ
هو	**قَاوَمَ**	**يُقَاوِمُ**	يُقَاوِمَ	يُقَاوِمْ	
هي	قَاوَمَتْ	تُقَاوِمُ	تُقَاوِمَ	تُقَاوِمْ	
هما	قَاوَمَا	يُقَاوِمَانِ	يُقَاوِمَا	يُقَاوِمَا	
هما	قَاوَمَتَا	تُقَاوِمَانِ	تُقَاوِمَا	تُقَاوِمَا	
هم	قَاوَمُوا	يُقَاوِمُونَ	يُقَاوِمُوا	يُقَاوِمُوا	
هنّ	قَاوَمْنَ	يُقَاوِمْنَ	يُقَاوِمْنَ	يُقَاوِمْنَ	

20	الماضي	المضارع المرفوع	المضارع المنصوب	المضارع المجزوم	الأمر
أنا	بَايَعْتُ	أُبَايِعُ	أُبَايِعَ	أُبَايِعْ	
نحن	بَايَعْنَا	نُبَايِعُ	نُبَايِعَ	نُبَايِعْ	
أنتَ	بَايَعْتَ	تُبَايِعُ	تُبَايِعَ	تُبَايِعْ	بَايِعْ
أنتِ	بَايَعْتِ	تُبَايِعِينَ	تُبَايِعِي	تُبَايِعِي	بَايِعِي
أنتما	بَايَعْتُمَا	تُبَايِعَانِ	تُبَايِعَا	تُبَايِعَا	بَايِعَا
أنتم	بَايَعْتُمْ	تُبَايِعُونَ	تُبَايِعُوا	تُبَايِعُوا	بَايِعُوا
أنتنّ	بَايَعْتُنَّ	تُبَايِعْنَ	تُبَايِعْنَ	تُبَايِعْنَ	بَايِعْنَ
هو	**بَايَعَ**	**يُبَايِعُ**	يُبَايِعَ	يُبَايِعْ	
هي	بَايَعَتْ	تُبَايِعُ	تُبَايِعَ	تُبَايِعْ	
هما	بَايَعَا	يُبَايِعَانِ	يُبَايِعَا	يُبَايِعَا	
هما	بَايَعَتَا	تُبَايِعَانِ	تُبَايِعَا	تُبَايِعَا	
هم	بَايَعُوا	يُبَايِعُونَ	يُبَايِعُوا	يُبَايِعُوا	
هنّ	بَايَعْنَ	يُبَايِعْنَ	يُبَايِعْنَ	يُبَايِعْنَ	

Tome 4 Médine Conjugaison La maîtrises-tu ? C O R R E C T I O N

الأمْر	المُضارِعُ المجزومُ	المُضارعُ المنصوبُ	المُضارِعُ المرفوعُ	الماضي	21
	أُشَاقَّ	أُشَاقَّ	أُشَاقُّ	شَاقَقْتُ	أنا
	نُشَاقَّ	نُشَاقَّ	نُشَاقُّ	شَاقَقْنَا	نحن
شَاقَّ	تُشَاقَّ	تُشَاقَّ	تُشَاقُّ	شَاقَقْتَ	أنتَ
شَاقِّي	تُشَاقِّي	تُشَاقِّي	تُشَاقِّينَ	شَاقَقْتِ	أنتِ
شَاقَّا	تُشَاقَّا	تُشَاقَّا	تُشَاقَّانِ	شَاقَقْتُمَا	أنتما
شَاقُّوا	تُشَاقُّوا	تُشَاقُّوا	تُشَاقُّونَ	شَاقَقْتُمْ	أنتم
شَاقِقْنَ	تُشَاقِقْنَ	تُشَاقِقْنَ	تُشَاقِقْنَ	شَاقَقْتُنَّ	أنتنّ
	يُشَاقَّ	يُشَاقَّ	**يُشَاقُّ**	**شَاقَّ**	هو
	تُشَاقَّ	تُشَاقَّ	تُشَاقُّ	شَاقَّتْ	هي
	يُشَاقَّا	يُشَاقَّا	يُشَاقَّانِ	شَاقَّا	هما
	تُشَاقَّا	تُشَاقَّا	تُشَاقَّانِ	شَاقَّتَا	هما
	يُشَاقُّوا	يُشَاقُّوا	يُشَاقُّونَ	شَاقُّوا	هم
	يُشَاقِقْنَ	يُشَاقِقْنَ	يُشَاقِقْنَ	شَاقَقْنَ	هنّ

الأمْر	المُضارِعُ المجزومُ	المُضارعُ المنصوبُ	المُضارِعُ المرفوعُ	الماضي	22
	أُحَاجَّ	أُحَاجَّ	أُحَاجُّ	حَاجَجْتُ	أنا
	نُحَاجَّ	نُحَاجَّ	نُحَاجُّ	حَاجَجْنَا	نحن
حَاجَّ	تُحَاجَّ	تُحَاجَّ	تُحَاجُّ	حَاجَجْتَ	أنتَ
حَاجِّي	تُحَاجِّي	تُحَاجِّي	تُحَاجِّينَ	حَاجَجْتِ	أنتِ
حَاجَّا	تُحَاجَّا	تُحَاجَّا	تُحَاجَّانِ	حَاجَجْتُمَا	أنتما
حَاجُّوا	تُحَاجُّوا	تُحَاجُّوا	تُحَاجُّونَ	حَاجَجْتُمْ	أنتم
حَاجِجْنَ	تُحَاجِجْنَ	تُحَاجِجْنَ	تُحَاجِجْنَ	حَاجَجْتُنَّ	أنتنّ
	يُحَاجَّ	يُحَاجَّ	**يُحَاجُّ**	**حَاجَّ**	هو
	تُحَاجَّ	تُحَاجَّ	تُحَاجُّ	حَاجَّتْ	هي
	يُحَاجَّا	يُحَاجَّا	يُحَاجَّانِ	حَاجَّا	هما
	تُحَاجَّا	تُحَاجَّا	تُحَاجَّانِ	حَاجَّتَا	هما
	يُحَاجُّوا	يُحَاجُّوا	يُحَاجُّونَ	حَاجُّوا	هم
	يُحَاجِجْنَ	يُحَاجِجْنَ	يُحَاجِجْنَ	حَاجَجْنَ	هنّ

الأَمْرُ	المُضارِعُ المَجْزُومُ	المُضارِعُ المَنْصُوبُ	المُضارِعُ المَرْفُوعُ	الماضي	23
	أُلَاقِ	أُلَاقِيَ	أُلَاقِي	لَاقَيْتُ	أنا
	نُلَاقِ	نُلَاقِيَ	نُلَاقِي	لَاقَيْنَا	نحن
لَاقِ	تُلَاقِ	تُلَاقِيَ	تُلَاقِي	لَاقَيْتَ	أنتَ
لَاقِي	تُلَاقِي	تُلَاقِي	تُلَاقِينَ	لَاقَيْتِ	أنتِ
لَاقِيَا	تُلَاقِيَا	تُلَاقِيَا	تُلَاقِيَانِ	لَاقَيْتُمَا	أنتما
لَاقُوا	تُلَاقُوا	تُلَاقُوا	تُلَاقُونَ	لَاقَيْتُمْ	أنتم
لَاقِينَ	تُلَاقِينَ	تُلَاقِينَ	تُلَاقِينَ	لَاقَيْتُنَّ	أنتنّ
	يُلَاقِ	يُلَاقِيَ	**يُلَاقِي**	**لَاقَى**	هو
	تُلَاقِ	تُلَاقِيَ	تُلَاقِي	لَاقَتْ	هي
	يُلَاقِيَا	يُلَاقِيَا	يُلَاقِيَانِ	لَاقَيَا	هما
	تُلَاقِيَا	تُلَاقِيَا	تُلَاقِيَانِ	لَاقَتَا	هما
	يُلَاقُوا	يُلَاقُوا	يُلَاقُونَ	لَاقَوْا	هم
	يُلَاقِينَ	يُلَاقِينَ	يُلَاقِينَ	لَاقَيْنَ	هنّ

الأَمْرُ	المُضارِعُ المَجْزُومُ	المُضارِعُ المَنْصُوبُ	المُضارِعُ المَرْفُوعُ	الماضي	24
	أُبَارِ	أُبَارِيَ	أُبَارِي	بَارَيْتُ	أنا
	نُبَارِ	نُبَارِيَ	نُبَارِي	بَارَيْنَا	نحن
بَارِ	تُبَارِ	تُبَارِيَ	تُبَارِي	بَارَيْتَ	أنتَ
بَارِي	تُبَارِي	تُبَارِي	تُبَارِينَ	بَارَيْتِ	أنتِ
بَارِيَا	تُبَارِيَا	تُبَارِيَا	تُبَارِيَانِ	بَارَيْتُمَا	أنتما
بَارُوا	تُبَارُوا	تُبَارُوا	تُبَارُونَ	بَارَيْتُمْ	أنتم
بَارِينَ	تُبَارِينَ	تُبَارِينَ	تُبَارِينَ	بَارَيْتُنَّ	أنتنّ
	يُبَارِ	يُبَارِيَ	**يُبَارِي**	**بَارَى**	هو
	تُبَارِ	تُبَارِيَ	تُبَارِي	بَارَتْ	هي
	يُبَارِيَا	يُبَارِيَا	يُبَارِيَانِ	بَارَيَا	هما
	تُبَارِيَا	تُبَارِيَا	تُبَارِيَانِ	بَارَتَا	هما
	يُبَارُوا	يُبَارُوا	يُبَارُونَ	بَارَوْا	هم
	يُبَارِينَ	يُبَارِينَ	يُبَارِينَ	بَارَيْنَ	هنّ

25	الماضي	المُضارع المرفوع	المُضارع المنصوب	المُضارع المجزوم	الأمْر
أنا	وَالَيْتُ	أُوَالِي	أُوَالِيَ	أُوَالِ	
نحن	وَالَيْنَا	نُوَالِي	نُوَالِيَ	نُوَالِ	
أنتَ	وَالَيْتَ	تُوَالِي	تُوَالِيَ	تُوَالِ	وَالِ
أنتِ	وَالَيْتِ	تُوَالِينَ	تُوَالِي	تُوَالِي	وَالِي
أنتما	وَالَيْتُمَا	تُوَالِيَانِ	تُوَالِيَا	تُوَالِيَا	وَالِيَا
أنتم	وَالَيْتُمْ	تُوَالُونَ	تُوَالُوا	تُوَالُوا	وَالُوا
أنتنّ	وَالَيْتُنَّ	تُوَالِينَ	تُوَالِينَ	تُوَالِينَ	وَالِينَ
هو	**وَالَى**	**يُوَالِي**	يُوَالِيَ	يُوَالِ	
هي	وَالَتْ	تُوَالِي	تُوَالِيَ	تُوَالِ	
هما	وَالَيَا	يُوَالِيَانِ	يُوَالِيَا	يُوَالِيَا	
هما	وَالَتَا	تُوَالِيَانِ	تُوَالِيَا	تُوَالِيَا	
هم	وَالَوْا	يُوَالُونَ	يُوَالُوا	يُوَالُوا	
هنّ	وَالَيْنَ	يُوَالِينَ	يُوَالِينَ	يُوَالِينَ	

26	الماضي	المُضارع المرفوع	المُضارع المنصوب	المُضارع المجزوم	الأمْر
أنا	يَادَيْتُ	أُيَادِي	أُيَادِيَ	أُيَادِ	
نحن	يَادَيْنَا	نُيَادِي	نُيَادِيَ	نُيَادِ	
أنتَ	يَادَيْتَ	تُيَادِي	تُيَادِيَ	تُيَادِ	تُيَادِ
أنتِ	يَادَيْتِ	تُيَادِينَ	تُيَادِي	تُيَادِي	تُيَادِي
أنتما	يَادَيْتُمَا	تُيَادِيَانِ	تُيَادِيَا	تُيَادِيَا	تُيَادِيَا
أنتم	يَادَيْتُمْ	تُيَادُونَ	تُيَادُوا	تُيَادُوا	تُيَادُوا
أنتنّ	يَادَيْتُنَّ	تُيَادِينَ	تُيَادِينَ	تُيَادِينَ	تُيَادِينَ
هو	**يَادَى**	**يُيَادِي**	يُيَادِيَ	يُيَادِ	
هي	يَادَتْ	تُيَادِي	تُيَادِيَ	تُيَادِ	
هما	يَادَيَا	يُيَادِيَانِ	يُيَادِيَا	يُيَادِيَا	
هما	يَادَتَا	تُيَادِيَانِ	تُيَادِيَا	تُيَادِيَا	
هم	يَادَوْا	يُيَادُونَ	يُيَادُوا	يُيَادُوا	
هنّ	يَادَيْنَ	يُيَادِينَ	يُيَادِينَ	يُيَادِينَ	

27	الماضي	المُضارِع المرفوع	المُضارِع المنصوب	المُضارِع المَجْزوم	الأمر
أنا	أَخْبَرْتُ	أُخْبِرُ	أُخْبِرَ	أُخْبِرْ	
نحن	أَخْبَرْنَا	نُخْبِرُ	نُخْبِرَ	نُخْبِرْ	
أنتَ	أَخْبَرْتَ	تُخْبِرُ	تُخْبِرَ	تُخْبِرْ	أَخْبِرْ
أنتِ	أَخْبَرْتِ	تُخْبِرِينَ	تُخْبِرِي	تُخْبِرِي	أَخْبِرِي
أنتما	أَخْبَرْتُمَا	تُخْبِرَانِ	تُخْبِرَا	تُخْبِرَا	أَخْبِرَا
أنتم	أَخْبَرْتُمْ	تُخْبِرُونَ	تُخْبِرُوا	تُخْبِرُوا	أَخْبِرُوا
أنتنّ	أَخْبَرْتُنَّ	تُخْبِرْنَ	تُخْبِرْنَ	تُخْبِرْنَ	أَخْبِرْنَ
هو	**أَخْبَرَ**	**يُخْبِرُ**	يُخْبِرَ	يُخْبِرْ	
هي	أَخْبَرَتْ	تُخْبِرُ	تُخْبِرَ	تُخْبِرْ	
هما	أَخْبَرَا	يُخْبِرَانِ	يُخْبِرَا	يُخْبِرَا	
هما	أَخْبَرَتَا	تُخْبِرَانِ	تُخْبِرَا	تُخْبِرَا	
هم	أَخْبَرُوا	يُخْبِرُونَ	يُخْبِرُوا	يُخْبِرُوا	
هنّ	أَخْبَرْنَ	يُخْبِرْنَ	يُخْبِرْنَ	يُخْبِرْنَ	

28	الماضي	المُضارِع المرفوع	المُضارِع المنصوب	المُضارِع المجزوم	الأمر
أنا	أَغْلَقْتُ	أُغْلِقُ	أُغْلِقَ	أُغْلِقْ	
نحن	أَغْلَقْنَا	نُغْلِقُ	نُغْلِقَ	نُغْلِقْ	
أنتَ	أَغْلَقْتَ	تُغْلِقُ	تُغْلِقَ	تُغْلِقْ	أَغْلِقْ
أنتِ	أَغْلَقْتِ	تُغْلِقِينَ	تُغْلِقِي	تُغْلِقِي	أَغْلِقِي
أنتما	أَغْلَقْتُمَا	تُغْلِقَانِ	تُغْلِقَا	تُغْلِقَا	أَغْلِقَا
أنتم	أَغْلَقْتُمْ	تُغْلِقُونَ	تُغْلِقُوا	تُغْلِقُوا	أَغْلِقُوا
أنتنّ	أَغْلَقْتُنَّ	تُغْلِقْنَ	تُغْلِقْنَ	تُغْلِقْنَ	أَغْلِقْنَ
هو	**أَغْلَقَ**	**يُغْلِقُ**	يُغْلِقَ	يُغْلِقْ	
هي	أَغْلَقَتْ	تُغْلِقُ	تُغْلِقَ	تُغْلِقْ	
هما	أَغْلَقَا	يُغْلِقَانِ	يُغْلِقَا	يُغْلِقَا	
هما	أَغْلَقَتَا	تُغْلِقَانِ	تُغْلِقَا	تُغْلِقَا	
هم	أَغْلَقُوا	يُغْلِقُونَ	يُغْلِقُوا	يُغْلِقُوا	
هنّ	أَغْلَقْنَ	يُغْلِقْنَ	يُغْلِقْنَ	يُغْلِقْنَ	

Tome 4 Médine Conjugaison *La maîtrises-tu ?* C O R R E C T I O N

الأمرُ	المُضارِعُ المَجْزُومُ	المُضارِعُ المَنصُوبُ	المُضارِعُ المَرْفُوعُ	الماضِي	29
	أُومِنْ	أُومِنَ	أُومِنُ	آمَنْتُ	أنا
	نُؤْمِنْ	نُؤْمِنَ	نُؤْمِنُ	آمَنَّا	نحن
آمِنْ	تُؤْمِنْ	تُؤْمِنَ	تُؤْمِنُ	آمَنْتَ	أنتَ
آمِنِي	تُؤْمِنِي	تُؤْمِنِي	تُؤْمِنِينَ	آمَنْتِ	أنتِ
آمِنَا	تُؤْمِنَا	تُؤْمِنَا	تُؤْمِنَانِ	آمَنْتُمَا	أنتما
آمِنُوا	تُؤْمِنُوا	تُؤْمِنُوا	تُؤْمِنُونَ	آمَنْتُمْ	أنتم
آمِنَّ	تُؤْمِنَّ	تُؤْمِنَّ	تُؤْمِنَّ	آمَنْتُنَّ	أنتنّ
	يُؤْمِنْ	يُؤْمِنَ	**يُؤْمِنُ**	**آمَنَ**	هو
	تُؤْمِنْ	تُؤْمِنَ	تُؤْمِنُ	آمَنَتْ	هي
	يُؤْمِنَا	يُؤْمِنَا	يُؤْمِنَانِ	آمَنَا	هما
	تُؤْمِنَا	تُؤْمِنَا	تُؤْمِنَانِ	آمَنَتَا	هما
	يُؤْمِنُوا	يُؤْمِنُوا	يُؤْمِنُونَ	آمَنُوا	هم
	يُؤْمِنَّ	يُؤْمِنَّ	يُؤْمِنَّ	آمَنَّ	هنّ

الأمرُ	المُضارِعُ المَجْزُومُ	المُضارِعُ المَنصُوبُ	المُضارِعُ المَرْفُوعُ	الماضِي	30
	أُطْفِئْ	أُطْفِئَ	أُطْفِئُ	أَطْفَأْتُ	أنا
	نُطْفِئْ	نُطْفِئَ	نُطْفِئُ	أَطْفَأْنَا	نحن
أَطْفِئْ	تُطْفِئْ	تُطْفِئَ	تُطْفِئُ	أَطْفَأْتَ	أنتَ
أَطْفِئِي	تُطْفِئِي	تُطْفِئِي	تُطْفِئِينَ	أَطْفَأْتِ	أنتِ
أَطْفِئَا	تُطْفِئَا	تُطْفِئَا	تُطْفِئَانِ	أَطْفَأْتُمَا	أنتما
أَطْفِئُوا	تُطْفِئُوا	تُطْفِئُوا	تُطْفِئُونَ	أَطْفَأْتُمْ	أنتم
أَطْفِئْنَ	تُطْفِئْنَ	تُطْفِئْنَ	تُطْفِئْنَ	أَطْفَأْتُنَّ	أنتنّ
	يُطْفِئْ	يُطْفِئَ	**يُطْفِئُ**	**أَطْفَأَ**	هو
	تُطْفِئْ	تُطْفِئَ	تُطْفِئُ	أَطْفَأَتْ	هي
	يُطْفِئَا	يُطْفِئَا	يُطْفِئَانِ	أَطْفَآ	هما
	تُطْفِئَا	تُطْفِئَا	تُطْفِئَانِ	أَطْفَأَتَا	هما
	يُطْفِئُوا	يُطْفِئُوا	يُطْفِئُونَ	أَطْفَئُوا	هم
	يُطْفِئْنَ	يُطْفِئْنَ	يُطْفِئْنَ	أَطْفَأْنَ	هنّ

Tome 4 Médine Conjugaison *La maîtrises-tu ?* C O R R E C T I O N

31	الماضي	المُضارِعُ المَرْفُوعُ	المُضارِعُ المَنصُوبُ	المُضارِعُ المَجْزُومُ	الأَمْرُ
أنا	أَوْجَبْتُ	أُوجِبُ	أُوجِبَ	أُوجِبْ	
نحن	أَوْجَبْنَا	نُوجِبُ	نُوجِبَ	نُوجِبْ	
أنتَ	أَوْجَبْتَ	تُوجِبُ	تُوجِبَ	تُوجِبْ	أَوْجِبْ
أنتِ	أَوْجَبْتِ	تُوجِبِينَ	تُوجِبِي	تُوجِبِي	أَوْجِبِي
أنتما	أَوْجَبْتُمَا	تُوجِبَانِ	تُوجِبَا	تُوجِبَا	أَوْجِبَا
أنتم	أَوْجَبْتُمْ	تُوجِبُونَ	تُوجِبُوا	تُوجِبُوا	أَوْجِبُوا
أنتنّ	أَوْجَبْتُنَّ	تُوجِبْنَ	تُوجِبْنَ	تُوجِبْنَ	أَوْجِبْنَ
هو	**أَوْجَبَ**	**يُوجِبُ**	يُوجِبَ	يُوجِبْ	
هي	أَوْجَبَتْ	تُوجِبُ	تُوجِبَ	تُوجِبْ	
هما	أَوْجَبَا	يُوجِبَانِ	يُوجِبَا	يُوجِبَا	
هما	أَوْجَبَتَا	تُوجِبَانِ	تُوجِبَا	تُوجِبَا	
هم	أَوْجَبُوا	يُوجِبُونَ	يُوجِبُوا	يُوجِبُوا	
هنّ	أَوْجَبْنَ	يُوجِبْنَ	يُوجِبْنَ	يُوجِبْنَ	

32	الماضي	المُضارِعُ المَرْفُوعُ	المُضارِعُ المنصوبُ	المُضارِعُ المجزومُ	الأَمْرُ
أنا	أَوْقَعْتُ	أُوقِعُ	أُوقِعَ	أُوقِعْ	
نحن	أَوْقَعْنَا	نُوقِعُ	نُوقِعَ	نُوقِعْ	
أنتَ	أَوْقَعْتَ	تُوقِعُ	تُوقِعَ	تُوقِعْ	أَوْقِعْ
أنتِ	أَوْقَعْتِ	تُوقِعِينَ	تُوقِعِي	تُوقِعِي	أَوْقِعِي
أنتما	أَوْقَعْتُمَا	تُوقِعَانِ	تُوقِعَا	تُوقِعَا	أَوْقِعَا
أنتم	أَوْقَعْتُمْ	تُوقِعُونَ	تُوقِعُوا	تُوقِعُوا	أَوْقِعُوا
أنتنّ	أَوْقَعْتُنَّ	تُوقِعْنَ	تُوقِعْنَ	تُوقِعْنَ	أَوْقِعْنَ
هو	**أَوْقَعَ**	**يُوقِعُ**	يُوقِعَ	يُوقِعْ	
هي	أَوْقَعَتْ	تُوقِعُ	تُوقِعَ	تُوقِعْ	
هما	أَوْقَعَا	يُوقِعَانِ	يُوقِعَا	يُوقِعَا	
هما	أَوْقَعَتَا	تُوقِعَانِ	تُوقِعَا	تُوقِعَا	
هم	أَوْقَعُوا	يُوقِعُونَ	يُوقِعُوا	يُوقِعُوا	
هنّ	أَوْقَعْنَ	يُوقِعْنَ	يُوقِعْنَ	يُوقِعْنَ	

الأَمْر	المُضارع المَجْزوم	المُضارع المَنْصوب	المُضارع المَرْفوع	الماضي	33
	أُوقِظْ	أُوقِظَ	أُوقِظُ	أَيْقَظْتُ	أنا
	نُوقِظْ	نُوقِظَ	نُوقِظُ	أَيْقَظْنَا	نحن
أَيْقِظْ	تُوقِظْ	تُوقِظَ	تُوقِظُ	أَيْقَظْتَ	أنتَ
أَيْقِظِي	تُوقِظِي	تُوقِظِي	تُوقِظِينَ	أَيْقَظْتِ	أنتِ
أَيْقِظَا	تُوقِظَا	تُوقِظَا	تُوقِظَانِ	أَيْقَظْتُمَا	أنتما
أَيْقِظُوا	تُوقِظُوا	تُوقِظُوا	تُوقِظُونَ	أَيْقَظْتُمْ	أنتم
أَيْقِظْنَ	تُوقِظْنَ	تُوقِظْنَ	تُوقِظْنَ	أَيْقَظْتُنَّ	أنتنَّ
	يُوقِظْ	يُوقِظَ	**يُوقِظُ**	**أَيْقَظَ**	هو
	تُوقِظْ	تُوقِظَ	تُوقِظُ	أَيْقَظَتْ	هي
	يُوقِظَا	يُوقِظَا	يُوقِظَانِ	أَيْقَظَا	هما
	تُوقِظَا	تُوقِظَا	تُوقِظَانِ	أَيْقَظَتَا	هما
	يُوقِظُوا	يُوقِظُوا	يُوقِظُونَ	أَيْقَظُوا	هم
	يُوقِظْنَ	يُوقِظْنَ	يُوقِظْنَ	أَيْقَظْنَ	هنَّ

الأَمْر	المُضارع المَجْزوم	المُضارع المَنْصوب	المُضارع المَرْفوع	الماضي	34
	أُوقِنْ	أُوقِنَ	أُوقِنُ	أَيْقَنْتُ	أنا
	نُوقِنْ	نُوقِنَ	نُوقِنُ	أَيْقَنَّا	نحن
أَيْقِنْ	تُوقِنْ	تُوقِنَ	تُوقِنُ	أَيْقَنْتَ	أنتَ
أَيْقِنِي	تُوقِنِي	تُوقِنِي	تُوقِنِينَ	أَيْقَنْتِ	أنتِ
أَيْقِنَا	تُوقِنَا	تُوقِنَا	تُوقِنَانِ	أَيْقَنْتُمَا	أنتما
أَيْقِنُوا	تُوقِنُوا	تُوقِنُوا	تُوقِنُونَ	أَيْقَنْتُمْ	أنتم
أَيْقِنَّ	تُوقِنَّ	تُوقِنَّ	تُوقِنَّ	أَيْقَنْتُنَّ	أنتنَّ
	يُوقِنْ	يُوقِنَ	**يُوقِنُ**	**أَيْقَنَ**	هو
	تُوقِنْ	تُوقِنَ	تُوقِنُ	أَيْقَنَتْ	هي
	يُوقِنَا	يُوقِنَا	يُوقِنَانِ	أَيْقَنَا	هما
	تُوقِنَا	تُوقِنَا	تُوقِنَانِ	أَيْقَنَتَا	هما
	يُوقِنُوا	يُوقِنُوا	يُوقِنُونَ	أَيْقَنُوا	هم
	يُوقِنَّ	يُوقِنَّ	يُوقِنَّ	أَيْقَنَّ	هنَّ

35	الماضي	المضارع المرفوع	المضارع المنصوب	المضارع المجزوم	الأمر
أنا	أَطْلَلْتُ	أُطِلُّ	أُطِلَّ	أُطِلَّ	
نحن	أَطْلَلْنَا	نُطِلُّ	نُطِلَّ	نُطِلَّ	
أنتَ	أَطْلَلْتَ	تُطِلُّ	تُطِلَّ	تُطِلَّ	أَطِلَّ
أنتِ	أَطْلَلْتِ	تُطِلِّينَ	تُطِلِّي	تُطِلِّي	أَطِلِّي
أنتما	أَطْلَلْتُمَا	تُطِلَّانِ	تُطِلَّا	تُطِلَّا	أَطِلَّا
أنتم	أَطْلَلْتُمْ	تُطِلُّونَ	تُطِلُّوا	تُطِلُّوا	أَطِلُّوا
أنتنّ	أَطْلَلْتُنَّ	تُطْلِلْنَ	تُطْلِلْنَ	تُطْلِلْنَ	أَطْلِلْنَ
هو	**أَطَلَّ**	**يُطِلُّ**	يُطِلَّ	يُطِلَّ	
هي	أَطَلَّتْ	تُطِلُّ	تُطِلَّ	تُطِلَّ	
هما	أَطَلَّا	يُطِلَّانِ	يُطِلَّا	يُطِلَّا	
هما	أَطَلَّتَا	تُطِلَّانِ	تُطِلَّا	تُطِلَّا	
هم	أَطَلُّوا	يُطِلُّونَ	يُطِلُّوا	يُطِلُّوا	
هنّ	أَطْلَلْنَ	يُطْلِلْنَ	يُطْلِلْنَ	يُطْلِلْنَ	

36	الماضي	المضارع المرفوع	المضارع المنصوب	المضارع المجزوم	الأمر
أنا	أَمْدَدْتُ	أُمِدُّ	أُمِدَّ	أُمِدَّ	
نحن	أَمْدَدْنَا	نُمِدُّ	نُمِدَّ	نُمِدَّ	
أنتَ	أَمْدَدْتَ	تُمِدُّ	تُمِدَّ	تُمِدَّ	أَمِدَّ
أنتِ	أَمْدَدْتِ	تُمِدِّينَ	تُمِدِّي	تُمِدِّي	أَمِدِّي
أنتما	أَمْدَدْتُمَا	تُمِدَّانِ	تُمِدَّا	تُمِدَّا	أَمِدَّا
أنتم	أَمْدَدْتُمْ	تُمِدُّونَ	تُمِدُّوا	تُمِدُّوا	أَمِدُّوا
أنتنّ	أَمْدَدْتُنَّ	تُمْدِدْنَ	تُمْدِدْنَ	تُمْدِدْنَ	أَمْدِدْنَ
هو	**أَمَدَّ**	**يُمِدُّ**	يُمِدَّ	يُمِدَّ	
هي	أَمَدَّتْ	تُمِدُّ	تُمِدَّ	تُمِدَّ	
هما	أَمَدَّا	يُمِدَّانِ	يُمِدَّا	يُمِدَّا	
هما	أَمَدَّتَا	تُمِدَّانِ	تُمِدَّا	تُمِدَّا	
هم	أَمَدُّوا	يُمِدُّونَ	يُمِدُّوا	يُمِدُّوا	
هنّ	أَمْدَدْنَ	يُمْدِدْنَ	يُمْدِدْنَ	يُمْدِدْنَ	

Tome 4 Médine Conjugaison La maîtrises-tu ? C O R R E C T I O N

الأمْرُ	المُضارِعُ المَجْزُومُ	المُضارِعُ المَنصوبُ	المُضارِعُ المَرفُوعُ	الماضي	37
	أُعِنْ	أُعِينَ	أُعِينُ	أَعَنْتُ	أنا
	نُعِنْ	نُعِينَ	نُعِينُ	أَعَنَّا	نحن
أَعِنْ	تُعِنْ	تُعِينَ	تُعِينُ	أَعَنْتَ	أنتَ
أَعِينِي	تُعِينِي	تُعِينِي	تُعِينِينَ	أَعَنْتِ	أنتِ
أَعِينَا	تُعِينَا	تُعِينَا	تُعِينَانِ	أَعَنْتُمَا	أنتما
أَعِينُوا	تُعِينُوا	تُعِينُوا	تُعِينُونَ	أَعَنْتُمْ	أنتم
أَعِنَّ	تُعِنَّ	تُعِنَّ	تُعِنَّ	أَعَنْتُنَّ	أنتنّ
	يُعِنْ	يُعِينَ	**يُعِينُ**	**أَعَانَ**	هو
	تُعِنْ	تُعِينَ	تُعِينُ	أَعَانَتْ	هي
	يُعِينَا	يُعِينَا	يُعِينَانِ	أَعَانَا	هما
	تُعِينَا	تُعِينَا	تُعِينَانِ	أَعَانَتَا	هما
	يُعِينُوا	يُعِينُوا	يُعِينُونَ	أَعَانُوا	هم
	يُعِنَّ	يُعِنَّ	يُعِنَّ	أَعَنَّ	هنّ

الأمْرُ	المُضارِعُ المَجْزُومُ	المُضارِعُ المَنصوبُ	المُضارِعُ المَرفُوعُ	الماضي	38
	أُثِبْ	أُثِيبَ	أُثِيبُ	أَثَبْتُ	أنا
	نُثِبْ	نُثِيبَ	نُثِيبُ	أَثَبْنَا	نحن
أَثِبْ	تُثِبْ	تُثِيبَ	تُثِيبُ	أَثَبْتَ	أنتَ
أَثِيبِي	تُثِيبِي	تُثِيبِي	تُثِيبِينَ	أَثَبْتِ	أنتِ
أَثِيبَا	تُثِيبَا	تُثِيبَا	تُثِيبَانِ	أَثَبْتُمَا	أنتما
أَثِيبُوا	تُثِيبُوا	تُثِيبُوا	تُثِيبُونَ	أَثَبْتُمْ	أنتم
أَثِبْنَ	تُثِبْنَ	تُثِبْنَ	تُثِبْنَ	أَثَبْتُنَّ	أنتنّ
	يُثِبْ	يُثِيبَ	**يُثِيبُ**	**أَثَابَ**	هو
	تُثِبْ	تُثِيبَ	تُثِيبُ	أَثَابَتْ	هي
	يُثِيبَا	يُثِيبَا	يُثِيبَانِ	أَثَابَا	هما
	تُثِيبَا	تُثِيبَا	تُثِيبَانِ	أَثَابَتَا	هما
	يُثِيبُوا	يُثِيبُوا	يُثِيبُونَ	أَثَابُوا	هم
	يُثِبْنَ	يُثِبْنَ	يُثِبْنَ	أَثَبْنَ	هنّ

39	الماضي	المضارع المرفوع	المضارع المنصوب	المضارع المجزوم	الأمر
أنا	أَبَعْتُ	أُبِيعُ	أُبِيعَ	أُبِعْ	
نحن	أَبَعْنَا	نُبِيعُ	نُبِيعَ	نُبِعْ	
أنتَ	أَبَعْتَ	تُبِيعُ	تُبِيعَ	تُبِعْ	أَبِعْ
أنتِ	أَبَعْتِ	تُبِيعِينَ	تُبِيعِي	تُبِيعِي	أَبِيعِي
أنتما	أَبَعْتُمَا	تُبِيعَانِ	تُبِيعَا	تُبِيعَا	أَبِيعَا
أنتم	أَبَعْتُمْ	تُبِيعُونَ	تُبِيعُوا	تُبِيعُوا	أَبِيعُوا
أنتنّ	أَبَعْتُنَّ	تُبِعْنَ	تُبِعْنَ	تُبِعْنَ	أَبِعْنَ
هو	**أَبَاعَ**	**يُبِيعُ**	يُبِيعَ	يُبِعْ	
هي	أَبَاعَتْ	تُبِيعُ	تُبِيعَ	تُبِعْ	
هما	أَبَاعَا	يُبِيعَانِ	يُبِيعَا	يُبِيعَا	
هما	أَبَاعَتَا	تُبِيعَانِ	تُبِيعَا	تُبِيعَا	
هم	أَبَاعُوا	يُبِيعُونَ	يُبِيعُوا	يُبِيعُوا	
هنّ	أَبَعْنَ	يُبِعْنَ	يُبِعْنَ	يُبِعْنَ	

40	الماضي	المضارع المرفوع	المضارع المنصوب	المضارع المجزوم	الأمر
أنا	أَلْقَيْتُ	أُلْقِي	أُلْقِيَ	أُلْقِ	
نحن	أَلْقَيْنَا	نُلْقِي	نُلْقِيَ	نُلْقِ	
أنتَ	أَلْقَيْتَ	تُلْقِي	تُلْقِيَ	تُلْقِ	أَلْقِ
أنتِ	أَلْقَيْتِ	تُلْقِينَ	تُلْقِي	تُلْقِي	أَلْقِي
أنتما	أَلْقَيْتُمَا	تُلْقِيَانِ	تُلْقِيَا	تُلْقِيَا	أَلْقِيَا
أنتم	أَلْقَيْتُمْ	تُلْقُونَ	تُلْقُوا	تُلْقُوا	أَلْقُوا
أنتنّ	أَلْقَيْتُنَّ	تُلْقِينَ	تُلْقِينَ	تُلْقِينَ	أَلْقِينَ
هو	**أَلْقَى**	**يُلْقِي**	يُلْقِيَ	يُلْقِ	
هي	أَلْقَتْ	تُلْقِي	تُلْقِيَ	تُلْقِ	
هما	أَلْقَيَا	يُلْقِيَانِ	يُلْقِيَا	يُلْقِيَا	
هما	أَلْقَتَا	تُلْقِيَانِ	تُلْقِيَا	تُلْقِيَا	
هم	أَلْقَوْا	يُلْقُونَ	يُلْقُوا	يُلْقُوا	
هنّ	أَلْقَيْنَ	يُلْقِينَ	يُلْقِينَ	يُلْقِينَ	

Tome 4 Médine Conjugaison La maîtrises-tu ? C O R R E C T I O N

41	الماضي	المضارع المرفوع	المضارع المنصوب	المضارع المجزوم	الأمر
أنا	أَثْنَيْتُ	أُثْنِي	أُثْنِيَ	أُثْنِ	
نحن	أَثْنَيْنَا	نُثْنِي	نُثْنِيَ	نُثْنِ	
أنتَ	أَثْنَيْتَ	تُثْنِي	تُثْنِيَ	تُثْنِ	أَثْنِ
أنتِ	أَثْنَيْتِ	تُثْنِينَ	تُثْنِي	تُثْنِي	أَثْنِي
أنتما	أَثْنَيْتُمَا	تُثْنِيَانِ	تُثْنِيَا	تُثْنِيَا	أَثْنِيَا
أنتم	أَثْنَيْتُمْ	تُثْنُونَ	تُثْنُوا	تُثْنُوا	أَثْنُوا
أنتنّ	أَثْنَيْتُنَّ	تُثْنِينَ	تُثْنِينَ	تُثْنِينَ	أَثْنِينَ
هو	**أَثْنَى**	**يُثْنِي**	يُثْنِيَ	يُثْنِ	
هي	أَثْنَتْ	تُثْنِي	تُثْنِيَ	تُثْنِ	
هما	أَثْنَيَا	يُثْنِيَانِ	يُثْنِيَا	يُثْنِيَا	
هما	أَثْنَتَا	تُثْنِيَانِ	تُثْنِيَا	تُثْنِيَا	
هم	أَثْنَوْا	يُثْنُونَ	يُثْنُوا	يُثْنُوا	
هنّ	أَثْنَيْنَ	يُثْنِينَ	يُثْنِينَ	يُثْنِينَ	

42	الماضي	المضارع المرفوع	المضارع المنصوب	المضارع المجزوم	الأمر
أنا	أَوْمَيْتُ	أُومِي	أُومِيَ	أُومِ	
نحن	أَوْمَيْنَا	نُومِي	نُومِيَ	نُومِ	
أنتَ	أَوْمَيْتَ	تُومِي	تُومِيَ	تُومِ	أَوْمِ
أنتِ	أَوْمَيْتِ	تُومِينَ	تُومِي	تُومِي	أَوْمِي
أنتما	أَوْمَيْتُمَا	تُومِيَانِ	تُومِيَا	تُومِيَا	أَوْمِيَا
أنتم	أَوْمَيْتُمْ	تُومُونَ	تُومُوا	تُومُوا	أَوْمُوا
أنتنّ	أَوْمَيْتُنَّ	تُومِينَ	تُومِينَ	تُومِينَ	أَوْمِينَ
هو	**أَوْمَى**	**يُومِي**	يُومِيَ	يُومِ	
هي	أَوْمَتْ	تُومِي	تُومِيَ	تُومِ	
هما	أَوْمَيَا	يُومِيَانِ	يُومِيَا	يُومِيَا	
هما	أَوْمَتَا	تُومِيَانِ	تُومِيَا	تُومِيَا	
هم	أَوْمَوْا	يُومُونَ	يُومُوا	يُومُوا	
هنّ	أَوْمَيْنَ	يُومِينَ	يُومِينَ	يُومِينَ	

الأمْر	المُضارِع المَجْزوم	المُضارِع المَنْصوب	المُضارِع المَرْفوع	الماضي	43
	أُودِ	أُودِيَ	أُودِي	أَيْدَيْتُ	أنا
	نُودِ	نُودِيَ	نُودِي	أَيْدَيْنَا	نحن
أَيْدِ	تُودِ	تُودِيَ	تُودِي	أَيْدَيْتَ	أنتَ
أَيْدِي	تُودِي	تُودِي	تُودِينَ	أَيْدَيْتِ	أنتِ
أَيْدِيَا	تُودِيَا	تُودِيَا	تُودِيَانِ	أَيْدَيْتُمَا	أنتما
أَيْدُوا	تُودُوا	تُودُوا	تُودُونَ	أَيْدَيْتُمْ	أنتم
أَيْدِينَ	تُودِينَ	تُودِينَ	تُودِينَ	أَيْدَيْتُنَّ	أنتنّ
	يُودِ	يُودِيَ	**يُودِي**	**أَيْدَى**	هو
	تُودِ	تُودِيَ	تُودِي	أَيْدَتْ	هي
	يُودِيَا	يُودِيَا	يُودِيَانِ	أَيْدَيَا	هما
	تُودِيَا	تُودِيَا	تُودِيَانِ	أَيْدَتَا	هما
	يُودُوا	يُودُوا	يُودُونَ	أَيْدَوْا	هم
	يُودِينَ	يُودِينَ	يُودِينَ	أَيْدَيْنَ	هنّ

الأمْر	المُضارِع المَجْزوم	المُضارِع المَنْصوب	المُضارِع المَرْفوع	الماضي	44
	أَتَسَلَّقْ	أَتَسَلَّقَ	أَتَسَلَّقُ	تَسَلَّقْتُ	أنا
	نَتَسَلَّقْ	نَتَسَلَّقَ	نَتَسَلَّقُ	تَسَلَّقْنَا	نحن
تَسَلَّقْ	تَتَسَلَّقْ	تَتَسَلَّقَ	تَتَسَلَّقُ	تَسَلَّقْتَ	أنتَ
تَسَلَّقِي	تَتَسَلَّقِي	تَتَسَلَّقِي	تَتَسَلَّقِينَ	تَسَلَّقْتِ	أنتِ
تَسَلَّقَا	تَتَسَلَّقَا	تَتَسَلَّقَا	تَتَسَلَّقَانِ	تَسَلَّقْتُمَا	أنتما
تَسَلَّقُوا	تَتَسَلَّقُوا	تَتَسَلَّقُوا	تَتَسَلَّقُونَ	تَسَلَّقْتُمْ	أنتم
تَسَلَّقْنَ	تَتَسَلَّقْنَ	تَتَسَلَّقْنَ	تَتَسَلَّقْنَ	تَسَلَّقْتُنَّ	أنتنّ
	يَتَسَلَّقْ	يَتَسَلَّقَ	**يَتَسَلَّقُ**	**تَسَلَّقَ**	هو
	تَتَسَلَّقْ	تَتَسَلَّقَ	تَتَسَلَّقُ	تَسَلَّقَتْ	هي
	يَتَسَلَّقَا	يَتَسَلَّقَا	يَتَسَلَّقَانِ	تَسَلَّقَا	هما
	تَتَسَلَّقَا	تَتَسَلَّقَا	تَتَسَلَّقَانِ	تَسَلَّقَتَا	هما
	يَتَسَلَّقُوا	يَتَسَلَّقُوا	يَتَسَلَّقُونَ	تَسَلَّقُوا	هم
	يَتَسَلَّقْنَ	يَتَسَلَّقْنَ	يَتَسَلَّقْنَ	تَسَلَّقْنَ	هنّ

الأمر	المضارع المجزوم	المضارع المنصوب	المضارع المرفوع	الماضي	45
	أَتَنَفَّسْ	أَتَنَفَّسَ	أَتَنَفَّسُ	تَنَفَّسْتُ	أنا
	نَتَنَفَّسْ	نَتَنَفَّسَ	نَتَنَفَّسُ	تَنَفَّسْنَا	نحن
تَنَفَّسْ	تَتَنَفَّسْ	تَتَنَفَّسَ	تَتَنَفَّسُ	تَنَفَّسْتَ	أنتَ
تَنَفَّسِي	تَتَنَفَّسِي	تَتَنَفَّسِي	تَتَنَفَّسِينَ	تَنَفَّسْتِ	أنتِ
تَنَفَّسَا	تَتَنَفَّسَا	تَتَنَفَّسَا	تَتَنَفَّسَانِ	تَنَفَّسْتُمَا	أنتما
تَنَفَّسُوا	تَتَنَفَّسُوا	تَتَنَفَّسُوا	تَتَنَفَّسُونَ	تَنَفَّسْتُمْ	أنتم
تَنَفَّسْنَ	تَتَنَفَّسْنَ	تَتَنَفَّسْنَ	تَتَنَفَّسْنَ	تَنَفَّسْتُنَّ	أنتنّ
	يَتَنَفَّسْ	يَتَنَفَّسَ	**يَتَنَفَّسُ**	**تَنَفَّسَ**	هو
	تَتَنَفَّسْ	تَتَنَفَّسَ	تَتَنَفَّسُ	تَنَفَّسَتْ	هي
	يَتَنَفَّسَا	يَتَنَفَّسَا	يَتَنَفَّسَانِ	تَنَفَّسَا	هما
	تَتَنَفَّسَا	تَتَنَفَّسَا	تَتَنَفَّسَانِ	تَنَفَّسَتَا	هما
	يَتَنَفَّسُوا	يَتَنَفَّسُوا	يَتَنَفَّسُونَ	تَنَفَّسُوا	هم
	يَتَنَفَّسْنَ	يَتَنَفَّسْنَ	يَتَنَفَّسْنَ	تَنَفَّسْنَ	هنّ

الأمر	المضارع المجزوم	المضارع المنصوب	المضارع المرفوع	الماضي	46
	أَتَوَضَّأْ	أَتَوَضَّأَ	أَتَوَضَّأُ	تَوَضَّأْتُ	أنا
	نَتَوَضَّأْ	نَتَوَضَّأَ	نَتَوَضَّأُ	تَوَضَّأْنَا	نحن
تَوَضَّأْ	تَتَوَضَّأْ	تَتَوَضَّأَ	تَتَوَضَّأُ	تَوَضَّأْتَ	أنتَ
تَوَضَّئِي	تَتَوَضَّئِي	تَتَوَضَّئِي	تَتَوَضَّئِينَ	تَوَضَّأْتِ	أنتِ
تَوَضَّآ	تَتَوَضَّآ	تَتَوَضَّآ	تَتَوَضَّآنِ	تَوَضَّأْتُمَا	أنتما
تَوَضَّئُوا	تَتَوَضَّئُوا	تَتَوَضَّئُوا	تَتَوَضَّئُونَ	تَوَضَّأْتُمْ	أنتم
تَوَضَّأْنَ	تَتَوَضَّأْنَ	تَتَوَضَّأْنَ	تَتَوَضَّأْنَ	تَوَضَّأْتُنَّ	أنتنّ
	يَتَوَضَّأْ	يَتَوَضَّأَ	**يَتَوَضَّأُ**	**تَوَضَّأَ**	هو
	تَتَوَضَّأْ	تَتَوَضَّأَ	تَتَوَضَّأُ	تَوَضَّأَتْ	هي
	يَتَوَضَّآ	يَتَوَضَّآ	يَتَوَضَّآنِ	تَوَضَّآ	هما
	تَتَوَضَّآ	تَتَوَضَّآ	تَتَوَضَّآنِ	تَوَضَّأَتَا	هما
	يَتَوَضَّئُوا	يَتَوَضَّئُوا	يَتَوَضَّئُونَ	تَوَضَّئُوا	هم
	يَتَوَضَّأْنَ	يَتَوَضَّأْنَ	يَتَوَضَّأْنَ	تَوَضَّأْنَ	هنّ

الأَمْرُ	المُضارِعُ المَجْزُومُ	المُضارِعُ المَنْصُوبُ	المُضارِعُ المَرْفُوعُ	الماضي	47
	أَتَجَسَّسْ	أَتَجَسَّسَ	أَتَجَسَّسُ	تَجَسَّسْتُ	أنا
	نَتَجَسَّسْ	نَتَجَسَّسَ	نَتَجَسَّسُ	تَجَسَّسْنَا	نحن
تَجَسَّسْ	تَتَجَسَّسْ	تَتَجَسَّسَ	تَتَجَسَّسُ	تَجَسَّسْتَ	أنتَ
تَجَسَّسِي	تَتَجَسَّسِي	تَتَجَسَّسِي	تَتَجَسَّسِينَ	تَجَسَّسْتِ	أنتِ
تَجَسَّسَا	تَتَجَسَّسَا	تَتَجَسَّسَا	تَتَجَسَّسَانِ	تَجَسَّسْتُمَا	أنتما
تَجَسَّسُوا	تَتَجَسَّسُوا	تَتَجَسَّسُوا	تَتَجَسَّسُونَ	تَجَسَّسْتُمْ	أنتم
تَجَسَّسْنَ	تَتَجَسَّسْنَ	تَتَجَسَّسْنَ	تَتَجَسَّسْنَ	تَجَسَّسْتُنَّ	أنتنّ
	يَتَجَسَّسْ	يَتَجَسَّسَ	**يَتَجَسَّسُ**	**تَجَسَّسَ**	هو
	تَتَجَسَّسْ	تَتَجَسَّسَ	تَتَجَسَّسُ	تَجَسَّسَتْ	هي
	يَتَجَسَّسَا	يَتَجَسَّسَا	يَتَجَسَّسَانِ	تَجَسَّسَا	هما
	تَتَجَسَّسَا	تَتَجَسَّسَا	تَتَجَسَّسَانِ	تَجَسَّسَتَا	هما
	يَتَجَسَّسُوا	يَتَجَسَّسُوا	يَتَجَسَّسُونَ	تَجَسَّسُوا	هم
	يَتَجَسَّسْنَ	يَتَجَسَّسْنَ	يَتَجَسَّسْنَ	تَجَسَّسْنَ	هنّ

الأَمْرُ	المُضارِعُ المَجْزُومُ	المُضارِعُ المَنْصُوبُ	المُضارِعُ المَرْفُوعُ	الماضي	48
	أَتَوَكَّلْ	أَتَوَكَّلَ	أَتَوَكَّلُ	تَوَكَّلْتُ	أنا
	نَتَوَكَّلْ	نَتَوَكَّلَ	نَتَوَكَّلُ	تَوَكَّلْنَا	نحن
تَوَكَّلْ	تَتَوَكَّلْ	تَتَوَكَّلَ	تَتَوَكَّلُ	تَوَكَّلْتَ	أنتَ
تَوَكَّلِي	تَتَوَكَّلِي	تَتَوَكَّلِي	تَتَوَكَّلِينَ	تَوَكَّلْتِ	أنتِ
تَوَكَّلَا	تَتَوَكَّلَا	تَتَوَكَّلَا	تَتَوَكَّلَانِ	تَوَكَّلْتُمَا	أنتما
تَوَكَّلُوا	تَتَوَكَّلُوا	تَتَوَكَّلُوا	تَتَوَكَّلُونَ	تَوَكَّلْتُمْ	أنتم
تَوَكَّلْنَ	تَتَوَكَّلْنَ	تَتَوَكَّلْنَ	تَتَوَكَّلْنَ	تَوَكَّلْتُنَّ	أنتنّ
	يَتَوَكَّلْ	يَتَوَكَّلَ	**يَتَوَكَّلُ**	**تَوَكَّلَ**	هو
	تَتَوَكَّلْ	تَتَوَكَّلَ	تَتَوَكَّلُ	تَوَكَّلَتْ	هي
	يَتَوَكَّلَا	يَتَوَكَّلَا	يَتَوَكَّلَانِ	تَوَكَّلَا	هما
	تَتَوَكَّلَا	تَتَوَكَّلَا	تَتَوَكَّلَانِ	تَوَكَّلَتَا	هما
	يَتَوَكَّلُوا	يَتَوَكَّلُوا	يَتَوَكَّلُونَ	تَوَكَّلُوا	هم
	يَتَوَكَّلْنَ	يَتَوَكَّلْنَ	يَتَوَكَّلْنَ	تَوَكَّلْنَ	هنّ

الأمْر	المُضارِعُ المجْزُومُ	المُضارِعُ المنْصُوبُ	المُضارِعُ المرْفُوعُ	الماضي	49
	أَتَيَقَّنْ	أَتَيَقَّنَ	أَتَيَقَّنُ	تَيَقَّنْتُ	أنا
	نَتَيَقَّنْ	نَتَيَقَّنَ	نَتَيَقَّنُ	تَيَقَّنَّا	نحن
تَيَقَّنْ	تَتَيَقَّنْ	تَتَيَقَّنَ	تَتَيَقَّنُ	تَيَقَّنْتَ	أنتَ
تَيَقَّنِي	تَتَيَقَّنِي	تَتَيَقَّنِي	تَتَيَقَّنِينَ	تَيَقَّنْتِ	أنتِ
تَيَقَّنَا	تَتَيَقَّنَا	تَتَيَقَّنَا	تَتَيَقَّنَانِ	تَيَقَّنْتُمَا	أنتما
تَيَقَّنُوا	تَتَيَقَّنُوا	تَتَيَقَّنُوا	تَتَيَقَّنُونَ	تَيَقَّنْتُمْ	أنتم
تَيَقَّنَّ	تَتَيَقَّنَّ	تَتَيَقَّنَّ	تَتَيَقَّنَّ	تَيَقَّنْتُنَّ	أنتنّ
	يَتَيَقَّنْ	يَتَيَقَّنَ	**يَتَيَقَّنُ**	**تَيَقَّنَ**	هو
	تَتَيَقَّنْ	تَتَيَقَّنَ	تَتَيَقَّنُ	تَيَقَّنَتْ	هي
	يَتَيَقَّنَا	يَتَيَقَّنَا	يَتَيَقَّنَانِ	تَيَقَّنَا	هما
	تَتَيَقَّنَا	تَتَيَقَّنَا	تَتَيَقَّنَانِ	تَيَقَّنَتَا	هما
	يَتَيَقَّنُوا	يَتَيَقَّنُوا	يَتَيَقَّنُونَ	تَيَقَّنُوا	هم
	يَتَيَقَّنَّ	يَتَيَقَّنَّ	يَتَيَقَّنَّ	تَيَقَّنَّ	هنّ

الأمْر	المُضارِعُ المجْزُومُ	المُضارِعُ المنْصُوبُ	المُضارِعُ المرْفُوعُ	الماضي	50
	أَتَذَوَّقْ	أَتَذَوَّقَ	أَتَذَوَّقُ	تَذَوَّقْتُ	أنا
	نَتَذَوَّقْ	نَتَذَوَّقَ	نَتَذَوَّقُ	تَذَوَّقْنَا	نحن
تَذَوَّقْ	تَتَذَوَّقْ	تَتَذَوَّقَ	تَتَذَوَّقُ	تَذَوَّقْتَ	أنتَ
تَذَوَّقِي	تَتَذَوَّقِي	تَتَذَوَّقِي	تَتَذَوَّقِينَ	تَذَوَّقْتِ	أنتِ
تَذَوَّقَا	تَتَذَوَّقَا	تَتَذَوَّقَا	تَتَذَوَّقَانِ	تَذَوَّقْتُمَا	أنتما
تَذَوَّقُوا	تَتَذَوَّقُوا	تَتَذَوَّقُوا	تَتَذَوَّقُونَ	تَذَوَّقْتُمْ	أنتم
تَذَوَّقْنَ	تَتَذَوَّقْنَ	تَتَذَوَّقْنَ	تَتَذَوَّقْنَ	تَذَوَّقْتُنَّ	أنتنّ
	يَتَذَوَّقْ	يَتَذَوَّقَ	**يَتَذَوَّقُ**	**تَذَوَّقَ**	هو
	تَتَذَوَّقْ	تَتَذَوَّقَ	تَتَذَوَّقُ	تَذَوَّقَتْ	هي
	يَتَذَوَّقَا	يَتَذَوَّقَا	يَتَذَوَّقَانِ	تَذَوَّقَا	هما
	تَتَذَوَّقَا	تَتَذَوَّقَا	تَتَذَوَّقَانِ	تَذَوَّقَتَا	هما
	يَتَذَوَّقُوا	يَتَذَوَّقُوا	يَتَذَوَّقُونَ	تَذَوَّقُوا	هم
	يَتَذَوَّقْنَ	يَتَذَوَّقْنَ	يَتَذَوَّقْنَ	تَذَوَّقْنَ	هنّ

الأمر	المضارع المجزوم	المضارع المنصوب	المضارع المرفوع	الماضي	51
	أَتَذَيَّلْ	أَتَذَيَّلَ	أَتَذَيَّلُ	تَذَيَّلْتُ	أنا
	نَتَذَيَّلْ	نَتَذَيَّلَ	نَتَذَيَّلُ	تَذَيَّلْنَا	نحن
تَذَيَّلْ	تَتَذَيَّلْ	تَتَذَيَّلَ	تَتَذَيَّلُ	تَذَيَّلْتَ	أنتَ
تَذَيَّلِي	تَتَذَيَّلِي	تَتَذَيَّلِي	تَتَذَيَّلِينَ	تَذَيَّلْتِ	أنتِ
تَذَيَّلَا	تَتَذَيَّلَا	تَتَذَيَّلَا	تَتَذَيَّلَانِ	تَذَيَّلْتُمَا	أنتما
تَذَيَّلُوا	تَتَذَيَّلُوا	تَتَذَيَّلُوا	تَتَذَيَّلُونَ	تَذَيَّلْتُمْ	أنتم
تَذَيَّلْنَ	تَتَذَيَّلْنَ	تَتَذَيَّلْنَ	تَتَذَيَّلْنَ	تَذَيَّلْتُنَّ	أنتنّ
	يَتَذَيَّلْ	يَتَذَيَّلَ	**يَتَذَيَّلُ**	**تَذَيَّلَ**	هو
	تَتَذَيَّلْ	تَتَذَيَّلَ	تَتَذَيَّلُ	تَذَيَّلَتْ	هي
	يَتَذَيَّلَا	يَتَذَيَّلَا	يَتَذَيَّلَانِ	تَذَيَّلَا	هما
	تَتَذَيَّلَا	تَتَذَيَّلَا	تَتَذَيَّلَانِ	تَذَيَّلَتَا	هما
	يَتَذَيَّلُوا	يَتَذَيَّلُوا	يَتَذَيَّلُونَ	تَذَيَّلُوا	هم
	يَتَذَيَّلْنَ	يَتَذَيَّلْنَ	يَتَذَيَّلْنَ	تَذَيَّلْنَ	هنّ

الأمر	المضارع المجزوم	المضارع المنصوب	المضارع المرفوع	الماضي	52
	أَتَلَقَّ	أَتَلَقَّى	أَتَلَقَّى	تَلَقَّيْتُ	أنا
	نَتَلَقَّ	نَتَلَقَّى	نَتَلَقَّى	تَلَقَّيْنَا	نحن
تَلَقَّ	تَتَلَقَّ	تَتَلَقَّى	تَتَلَقَّى	تَلَقَّيْتَ	أنتَ
تَلَقَّيْ	تَتَلَقَّيْ	تَتَلَقَّيْ	تَتَلَقَّيْنَ	تَلَقَّيْتِ	أنتِ
تَلَقَّيَا	تَتَلَقَّيَا	تَتَلَقَّيَا	تَتَلَقَّيَانِ	تَلَقَّيْتُمَا	أنتما
تَلَقَّوْا	تَتَلَقَّوْا	تَتَلَقَّوْا	تَتَلَقَّوْنَ	تَلَقَّيْتُمْ	أنتم
تَلَقَّيْنَ	تَتَلَقَّيْنَ	تَتَلَقَّيْنَ	تَتَلَقَّيْنَ	تَلَقَّيْتُنَّ	أنتنّ
	يَتَلَقَّ	يَتَلَقَّى	**يَتَلَقَّى**	**تَلَقَّى**	هو
	تَتَلَقَّ	تَتَلَقَّى	تَتَلَقَّى	تَلَقَّتْ	هي
	يَتَلَقَّيَا	يَتَلَقَّيَا	يَتَلَقَّيَانِ	تَلَقَّيَا	هما
	تَتَلَقَّيَا	تَتَلَقَّيَا	تَتَلَقَّيَانِ	تَلَقَّتَا	هما
	يَتَلَقَّوْا	يَتَلَقَّوْا	يَتَلَقَّوْنَ	تَلَقَّوْا	هم
	يَتَلَقَّيْنَ	يَتَلَقَّيْنَ	يَتَلَقَّيْنَ	تَلَقَّيْنَ	هنّ

الأمْر	المُضارع المَجْزوم	المُضارع المَنْصوب	المُضارع المَرْفوع	الماضي	53
	أَتَغَدَّ	أَتَغَدَّى	أَتَغَدَّى	تَغَدَّيْتُ	أنا
	نَتَغَدَّ	نَتَغَدَّى	نَتَغَدَّى	تَغَدَّيْنَا	نحن
تَغَدَّ	تَتَغَدَّ	تَتَغَدَّى	تَتَغَدَّى	تَغَدَّيْتَ	أنتَ
تَغَدَّيْ	تَتَغَدَّيْ	تَتَغَدَّيْ	تَتَغَدَّيْنَ	تَغَدَّيْتِ	أنتِ
تَغَدَّيَا	تَتَغَدَّيَا	تَتَغَدَّيَا	تَتَغَدَّيَانِ	تَغَدَّيْتُمَا	أنتما
تَغَدَّوْا	تَتَغَدَّوْا	تَتَغَدَّوْا	تَتَغَدَّوْنَ	تَغَدَّيْتُمْ	أنتم
تَغَدَّيْنَ	تَتَغَدَّيْنَ	تَتَغَدَّيْنَ	تَتَغَدَّيْنَ	تَغَدَّيْتُنَّ	أنتنّ
	يَتَغَدَّ	يَتَغَدَّى	**يَتَغَدَّى**	**تَغَدَّى**	هو
	تَتَغَدَّ	تَتَغَدَّى	تَتَغَدَّى	تَغَدَّتْ	هي
	يَتَغَدَّيَا	يَتَغَدَّيَا	يَتَغَدَّيَانِ	تَغَدَّيَا	هما
	تَتَغَدَّيَا	تَتَغَدَّيَا	تَتَغَدَّيَانِ	تَغَدَّتَا	هما
	يَتَغَدَّوْا	يَتَغَدَّوْا	يَتَغَدَّوْنَ	تَغَدَّوْا	هم
	يَتَغَدَّيْنَ	يَتَغَدَّيْنَ	يَتَغَدَّيْنَ	تَغَدَّيْنَ	هنّ

الأمْر	المُضارع المَجْزوم	المُضارع المَنْصوب	المُضارع المَرْفوع	الماضي	54
	أَتَوَقَّ	أَتَوَقَّى	أَتَوَقَّى	تَوَقَّيْتُ	أنا
	نَتَوَقَّ	نَتَوَقَّى	نَتَوَقَّى	تَوَقَّيْنَا	نحن
تَوَقَّ	تَتَوَقَّ	تَتَوَقَّى	تَتَوَقَّى	تَوَقَّيْتَ	أنتَ
تَوَقَّيْ	تَتَوَقَّيْ	تَتَوَقَّيْ	تَتَوَقَّيْنَ	تَوَقَّيْتِ	أنتِ
تَوَقَّيَا	تَتَوَقَّيَا	تَتَوَقَّيَا	تَتَوَقَّيَانِ	تَوَقَّيْتُمَا	أنتما
تَوَقَّوْا	تَتَوَقَّوْا	تَتَوَقَّوْا	تَتَوَقَّوْنَ	تَوَقَّيْتُمْ	أنتم
تَوَقَّيْنَ	تَتَوَقَّيْنَ	تَتَوَقَّيْنَ	تَتَوَقَّيْنَ	تَوَقَّيْتُنَّ	أنتنّ
	يَتَوَقَّ	يَتَوَقَّى	**يَتَوَقَّى**	**تَوَقَّى**	هو
	تَتَوَقَّ	تَتَوَقَّى	تَتَوَقَّى	تَوَقَّتْ	هي
	يَتَوَقَّيَا	يَتَوَقَّيَا	يَتَوَقَّيَانِ	تَوَقَّيَا	هما
	تَتَوَقَّيَا	تَتَوَقَّيَا	تَتَوَقَّيَانِ	تَوَقَّتَا	هما
	يَتَوَقَّوْا	يَتَوَقَّوْا	يَتَوَقَّوْنَ	تَوَقَّوْا	هم
	يَتَوَقَّيْنَ	يَتَوَقَّيْنَ	يَتَوَقَّيْنَ	تَوَقَّيْنَ	هنّ

Tome 4 Médine Conjugaison La maîtrises-tu ? CORRECTION

55	الماضي	المضارع المرفوع	المضارع المنصوب	المضارع المجزوم	الأمر
أنا	تَوَلَّيْتُ	أَتَوَلَّى	أَتَوَلَّى	أَتَوَلَّ	
نحن	تَوَلَّيْنَا	نَتَوَلَّى	نَتَوَلَّى	نَتَوَلَّ	
أنتَ	تَوَلَّيْتَ	تَتَوَلَّى	تَتَوَلَّى	تَتَوَلَّ	تَوَلَّ
أنتِ	تَوَلَّيْتِ	تَتَوَلَّيْنَ	تَتَوَلَّيْ	تَتَوَلَّيْ	تَوَلَّيْ
أنتما	تَوَلَّيْتُمَا	تَتَوَلَّيَانِ	تَتَوَلَّيَا	تَتَوَلَّيَا	تَوَلَّيَا
أنتم	تَوَلَّيْتُمْ	تَتَوَلَّوْنَ	تَتَوَلَّوْا	تَتَوَلَّوْا	تَوَلَّوْا
أنتن	تَوَلَّيْتُنَّ	تَتَوَلَّيْنَ	تَتَوَلَّيْنَ	تَتَوَلَّيْنَ	تَوَلَّيْنَ
هو	**تَوَلَّى**	**يَتَوَلَّى**	يَتَوَلَّى	يَتَوَلَّ	
هي	تَوَلَّتْ	تَتَوَلَّى	تَتَوَلَّى	تَتَوَلَّ	
هما	تَوَلَّيَا	يَتَوَلَّيَانِ	يَتَوَلَّيَا	يَتَوَلَّيَا	
هما	تَوَلَّتَا	تَتَوَلَّيَانِ	تَتَوَلَّيَا	تَتَوَلَّيَا	
هم	تَوَلَّوْا	يَتَوَلَّوْنَ	يَتَوَلَّوْا	يَتَوَلَّوْا	
هن	تَوَلَّيْنَ	يَتَوَلَّيْنَ	يَتَوَلَّيْنَ	يَتَوَلَّيْنَ	

56	الماضي	المضارع المرفوع	المضارع المنصوب	المضارع المجزوم	الأمر
أنا	تَجَاهَلْتُ	أَتَجَاهَلُ	أَتَجَاهَلَ	أَتَجَاهَلْ	
نحن	تَجَاهَلْنَا	نَتَجَاهَلُ	نَتَجَاهَلَ	نَتَجَاهَلْ	
أنتَ	تَجَاهَلْتَ	تَتَجَاهَلُ	تَتَجَاهَلَ	تَتَجَاهَلْ	تَجَاهَلْ
أنتِ	تَجَاهَلْتِ	تَتَجَاهَلِينَ	تَتَجَاهَلِي	تَتَجَاهَلِي	تَجَاهَلِي
أنتما	تَجَاهَلْتُمَا	تَتَجَاهَلَانِ	تَتَجَاهَلَا	تَتَجَاهَلَا	تَجَاهَلَا
أنتم	تَجَاهَلْتُمْ	تَتَجَاهَلُونَ	تَتَجَاهَلُوا	تَتَجَاهَلُوا	تَجَاهَلُوا
أنتن	تَجَاهَلْتُنَّ	تَتَجَاهَلْنَ	تَتَجَاهَلْنَ	تَتَجَاهَلْنَ	تَجَاهَلْنَ
هو	**تَجَاهَلَ**	**يَتَجَاهَلُ**	يَتَجَاهَلَ	يَتَجَاهَلْ	
هي	تَجَاهَلَتْ	تَتَجَاهَلُ	تَتَجَاهَلَ	تَتَجَاهَلْ	
هما	تَجَاهَلَا	يَتَجَاهَلَانِ	يَتَجَاهَلَا	يَتَجَاهَلَا	
هما	تَجَاهَلَتَا	تَتَجَاهَلَانِ	تَتَجَاهَلَا	تَتَجَاهَلَا	
هم	تَجَاهَلُوا	يَتَجَاهَلُونَ	يَتَجَاهَلُوا	يَتَجَاهَلُوا	
هن	تَجَاهَلْنَ	يَتَجَاهَلْنَ	يَتَجَاهَلْنَ	يَتَجَاهَلْنَ	

57

الأمْرُ	المُضارِعُ المَجْزومُ	المُضارِعُ المَنْصوبُ	المُضارِعُ المَرْفوعُ	الماضي	
	أَتَعَالَمْ	أَتَعَالَمَ	أَتَعَالَمُ	تَعَالَمْتُ	أنا
	نَتَعَالَمْ	نَتَعَالَمَ	نَتَعَالَمُ	تَعَالَمْنَا	نحن
تَعَالَمْ	تَتَعَالَمْ	تَتَعَالَمَ	تَتَعَالَمُ	تَعَالَمْتَ	أنتَ
تَعَالَمِي	تَتَعَالَمِي	تَتَعَالَمِي	تَتَعَالَمِينَ	تَعَالَمْتِ	أنتِ
تَعَالَمَا	تَتَعَالَمَا	تَتَعَالَمَا	تَتَعَالَمَانِ	تَعَالَمْتُمَا	أنتما
تَعَالَمُوا	تَتَعَالَمُوا	تَتَعَالَمُوا	تَتَعَالَمُونَ	تَعَالَمْتُمْ	أنتم
تَعَالَمْنَ	تَتَعَالَمْنَ	تَتَعَالَمْنَ	تَتَعَالَمْنَ	تَعَالَمْتُنَّ	أنتنّ
	يَتَعَالَمْ	يَتَعَالَمَ	**يَتَعَالَمُ**	**تَعَالَمَ**	هو
	تَتَعَالَمْ	تَتَعَالَمَ	تَتَعَالَمُ	تَعَالَمَتْ	هي
	يَتَعَالَمَا	يَتَعَالَمَا	يَتَعَالَمَانِ	تَعَالَمَا	هما
	تَتَعَالَمَا	تَتَعَالَمَا	تَتَعَالَمَانِ	تَعَالَمَتَا	هما
	يَتَعَالَمُوا	يَتَعَالَمُوا	يَتَعَالَمُونَ	تَعَالَمُوا	هم
	يَتَعَالَمْنَ	يَتَعَالَمْنَ	يَتَعَالَمْنَ	تَعَالَمْنَ	هنّ

58

الأمْرُ	المُضارِعُ المَجْزومُ	المُضارِعُ المَنْصوبُ	المُضارِعُ المَرْفوعُ	الماضي	
	أَتَفَاءَلْ	أَتَفَاءَلَ	أَتَفَاءَلُ	تَفَاءَلْتُ	أنا
	نَتَفَاءَلْ	نَتَفَاءَلَ	نَتَفَاءَلُ	تَفَاءَلْنَا	نحن
تَفَاءَلْ	تَتَفَاءَلْ	تَتَفَاءَلَ	تَتَفَاءَلُ	تَفَاءَلْتَ	أنتَ
تَفَاءَلِي	تَتَفَاءَلِي	تَتَفَاءَلِي	تَتَفَاءَلِينَ	تَفَاءَلْتِ	أنتِ
تَفَاءَلَا	تَتَفَاءَلَا	تَتَفَاءَلَا	تَتَفَاءَلَانِ	تَفَاءَلْتُمَا	أنتما
تَفَاءَلُوا	تَتَفَاءَلُوا	تَتَفَاءَلُوا	تَتَفَاءَلُونَ	تَفَاءَلْتُمْ	أنتم
تَفَاءَلْنَ	تَتَفَاءَلْنَ	تَتَفَاءَلْنَ	تَتَفَاءَلْنَ	تَفَاءَلْتُنَّ	أنتنّ
	يَتَفَاءَلْ	يَتَفَاءَلَ	**يَتَفَاءَلُ**	**تَفَاءَلَ**	هو
	تَتَفَاءَلْ	تَتَفَاءَلَ	تَتَفَاءَلُ	تَفَاءَلَتْ	هي
	يَتَفَاءَلَا	يَتَفَاءَلَا	يَتَفَاءَلَانِ	تَفَاءَلَا	هما
	تَتَفَاءَلَا	تَتَفَاءَلَا	تَتَفَاءَلَانِ	تَفَاءَلَتَا	هما
	يَتَفَاءَلُوا	يَتَفَاءَلُوا	يَتَفَاءَلُونَ	تَفَاءَلُوا	هم
	يَتَفَاءَلْنَ	يَتَفَاءَلْنَ	يَتَفَاءَلْنَ	تَفَاءَلْنَ	هنّ

الأمر	المضارع المجزوم	المضارع المنصوب	المضارع المرفوع	الماضي	59
	أَتَوَاضَعْ	أَتَوَاضَعَ	أَتَوَاضَعُ	تَوَاضَعْتُ	أنا
	نَتَوَاضَعْ	نَتَوَاضَعَ	نَتَوَاضَعُ	تَوَاضَعْنَا	نحن
تَوَاضَعْ	تَتَوَاضَعْ	تَتَوَاضَعَ	تَتَوَاضَعُ	تَوَاضَعْتَ	أنتَ
تَوَاضَعِي	تَتَوَاضَعِي	تَتَوَاضَعِي	تَتَوَاضَعِينَ	تَوَاضَعْتِ	أنتِ
تَوَاضَعَا	تَتَوَاضَعَا	تَتَوَاضَعَا	تَتَوَاضَعَانِ	تَوَاضَعْتُمَا	أنتما
تَوَاضَعُوا	تَتَوَاضَعُوا	تَتَوَاضَعُوا	تَتَوَاضَعُونَ	تَوَاضَعْتُمْ	أنتم
تَوَاضَعْنَ	تَتَوَاضَعْنَ	تَتَوَاضَعْنَ	تَتَوَاضَعْنَ	تَوَاضَعْتُنَّ	أنتنّ
	يَتَوَاضَعْ	يَتَوَاضَعَ	**يَتَوَاضَعُ**	**تَوَاضَعَ**	هو
	تَتَوَاضَعْ	تَتَوَاضَعَ	تَتَوَاضَعُ	تَوَاضَعَتْ	هي
	يَتَوَاضَعَا	يَتَوَاضَعَا	يَتَوَاضَعَانِ	تَوَاضَعَا	هما
	تَتَوَاضَعَا	تَتَوَاضَعَا	تَتَوَاضَعَانِ	تَوَاضَعَتَا	هما
	يَتَوَاضَعُوا	يَتَوَاضَعُوا	يَتَوَاضَعُونَ	تَوَاضَعُوا	هم
	يَتَوَاضَعْنَ	يَتَوَاضَعْنَ	يَتَوَاضَعْنَ	تَوَاضَعْنَ	هنّ

الأمر	المضارع المجزوم	المضارع المنصوب	المضارع المرفوع	الماضي	60
	أَتَيَاسَرْ	أَتَيَاسَرَ	أَتَيَاسَرُ	تَيَاسَرْتُ	أنا
	نَتَيَاسَرْ	نَتَيَاسَرَ	نَتَيَاسَرُ	تَيَاسَرْنَا	نحن
تَيَاسَرْ	تَتَيَاسَرْ	تَتَيَاسَرَ	تَتَيَاسَرُ	تَيَاسَرْتَ	أنتَ
تَيَاسَرِي	تَتَيَاسَرِي	تَتَيَاسَرِي	تَتَيَاسَرِينَ	تَيَاسَرْتِ	أنتِ
تَيَاسَرَا	تَتَيَاسَرَا	تَتَيَاسَرَا	تَتَيَاسَرَانِ	تَيَاسَرْتُمَا	أنتما
تَيَاسَرُوا	تَتَيَاسَرُوا	تَتَيَاسَرُوا	تَتَيَاسَرُونَ	تَيَاسَرْتُمْ	أنتم
تَيَاسَرْنَ	تَتَيَاسَرْنَ	تَتَيَاسَرْنَ	تَتَيَاسَرْنَ	تَيَاسَرْتُنَّ	أنتنّ
	يَتَيَاسَرْ	يَتَيَاسَرَ	**يَتَيَاسَرُ**	**تَيَاسَرَ**	هو
	تَتَيَاسَرْ	تَتَيَاسَرَ	تَتَيَاسَرُ	تَيَاسَرَتْ	هي
	يَتَيَاسَرَا	يَتَيَاسَرَا	يَتَيَاسَرَانِ	تَيَاسَرَا	هما
	تَتَيَاسَرَا	تَتَيَاسَرَا	تَتَيَاسَرَانِ	تَيَاسَرَتَا	هما
	يَتَيَاسَرُوا	يَتَيَاسَرُوا	يَتَيَاسَرُونَ	تَيَاسَرُوا	هم
	يَتَيَاسَرْنَ	يَتَيَاسَرْنَ	يَتَيَاسَرْنَ	تَيَاسَرْنَ	هنّ

61	الماضي	المضارع المرفوع	المضارع المنصوب	المضارع المجزوم	الأمر
أنا	تَعَاوَنْتُ	أَتَعَاوَنُ	أَتَعَاوَنَ	أَتَعَاوَنْ	
نحن	تَعَاوَنَّا	نَتَعَاوَنُ	نَتَعَاوَنَ	نَتَعَاوَنْ	
أنتَ	تَعَاوَنْتَ	تَتَعَاوَنُ	تَتَعَاوَنَ	تَتَعَاوَنْ	تَعَاوَنْ
أنتِ	تَعَاوَنْتِ	تَتَعَاوَنِينَ	تَتَعَاوَنِي	تَتَعَاوَنِي	تَعَاوَنِي
أنتما	تَعَاوَنْتُمَا	تَتَعَاوَنَانِ	تَتَعَاوَنَا	تَتَعَاوَنَا	تَعَاوَنَا
أنتم	تَعَاوَنْتُمْ	تَتَعَاوَنُونَ	تَتَعَاوَنُوا	تَتَعَاوَنُوا	تَعَاوَنُوا
أنتنّ	تَعَاوَنْتُنَّ	تَتَعَاوَنَّ	تَتَعَاوَنَّ	تَتَعَاوَنَّ	تَعَاوَنَّ
هو	**تَعَاوَنَ**	**يَتَعَاوَنُ**	يَتَعَاوَنَ	يَتَعَاوَنْ	
هي	تَعَاوَنَتْ	تَتَعَاوَنُ	تَتَعَاوَنَ	تَتَعَاوَنْ	
هما	تَعَاوَنَا	يَتَعَاوَنَانِ	يَتَعَاوَنَا	يَتَعَاوَنَا	
هما	تَعَاوَنَتَا	تَتَعَاوَنَانِ	تَتَعَاوَنَا	تَتَعَاوَنَا	
هم	تَعَاوَنُوا	يَتَعَاوَنُونَ	يَتَعَاوَنُوا	يَتَعَاوَنُوا	
هنّ	تَعَاوَنَّ	يَتَعَاوَنَّ	يَتَعَاوَنَّ	يَتَعَاوَنَّ	

62	الماضي	المضارع المرفوع	المضارع المنصوب	المضارع المجزوم	الأمر
أنا	تَضَايَقْتُ	أَتَضَايَقُ	أَتَضَايَقَ	أَتَضَايَقْ	
نحن	تَضَايَقْنَا	نَتَضَايَقُ	نَتَضَايَقَ	نَتَضَايَقْ	
أنتَ	تَضَايَقْتَ	تَتَضَايَقُ	تَتَضَايَقَ	تَتَضَايَقْ	تَضَايَقْ
أنتِ	تَضَايَقْتِ	تَتَضَايَقِينَ	تَتَضَايَقِي	تَتَضَايَقِي	تَضَايَقِي
أنتما	تَضَايَقْتُمَا	تَتَضَايَقَانِ	تَتَضَايَقَا	تَتَضَايَقَا	تَضَايَقَا
أنتم	تَضَايَقْتُمْ	تَتَضَايَقُونَ	تَتَضَايَقُوا	تَتَضَايَقُوا	تَضَايَقُوا
أنتنّ	تَضَايَقْتُنَّ	تَتَضَايَقْنَ	تَتَضَايَقْنَ	تَتَضَايَقْنَ	تَضَايَقْنَ
هو	**تَضَايَقَ**	**يَتَضَايَقُ**	يَتَضَايَقَ	يَتَضَايَقْ	
هي	تَضَايَقَتْ	تَتَضَايَقُ	تَتَضَايَقَ	تَتَضَايَقْ	
هما	تَضَايَقَا	يَتَضَايَقَانِ	يَتَضَايَقَا	يَتَضَايَقَا	
هما	تَضَايَقَتَا	تَتَضَايَقَانِ	تَتَضَايَقَا	تَتَضَايَقَا	
هم	تَضَايَقُوا	يَتَضَايَقُونَ	يَتَضَايَقُوا	يَتَضَايَقُوا	
هنّ	تَضَايَقْنَ	يَتَضَايَقْنَ	يَتَضَايَقْنَ	يَتَضَايَقْنَ	

Tome 4 Médine Conjugaison   La maîtrises-tu ?   C O R R E C T I O N

الأَمْر	المُضارع المَجزوم	المُضارع المَنصوب	المُضارع المَرفوع	الماضي	63
	أَتَحَاقَّ	أَتَحَاقَّ	أَتَحَاقُّ	تَحَاقَقْتُ	أنا
	نَتَحَاقَّ	نَتَحَاقَّ	نَتَحَاقُّ	تَحَاقَقْنَا	نحن
تَحَاقَّ	تَتَحَاقَّ	تَتَحَاقَّ	تَتَحَاقُّ	تَحَاقَقْتَ	أنتَ
تَحَاقِّي	تَتَحَاقِّي	تَتَحَاقِّي	تَتَحَاقِّينَ	تَحَاقَقْتِ	أنتِ
تَحَاقَّا	تَتَحَاقَّا	تَتَحَاقَّا	تَتَحَاقَّانِ	تَحَاقَقْتُمَا	أنتما
تَحَاقُّوا	تَتَحَاقُّوا	تَتَحَاقُّوا	تَتَحَاقُّونَ	تَحَاقَقْتُمْ	أنتم
تَحَاقَقْنَ	تَتَحَاقَقْنَ	تَتَحَاقَقْنَ	تَتَحَاقَقْنَ	تَحَاقَقْتُنَّ	أنتنَّ
	يَتَحَاقَّ	يَتَحَاقَّ	**يَتَحَاقُّ**	**تَحَاقَّ**	هو
	تَتَحَاقَّ	تَتَحَاقَّ	تَتَحَاقُّ	تَحَاقَّتْ	هي
	يَتَحَاقَّا	يَتَحَاقَّا	يَتَحَاقَّانِ	تَحَاقَّا	هما
	تَتَحَاقَّا	تَتَحَاقَّا	تَتَحَاقَّانِ	تَحَاقَّتَا	هما
	يَتَحَاقُّوا	يَتَحَاقُّوا	يَتَحَاقُّونَ	تَحَاقُّوا	هم
	يَتَحَاقَقْنَ	يَتَحَاقَقْنَ	يَتَحَاقَقْنَ	تَحَاقَقْنَ	هنَّ

الأَمْر	المُضارع المَجزوم	المُضارع المَنصوب	المُضارع المَرفوع	الماضي	64
	أَتَحَاضَّ	أَتَحَاضَّ	أَتَحَاضُّ	تَحَاضَضْتُ	أنا
	نَتَحَاضَّ	نَتَحَاضَّ	نَتَحَاضُّ	تَحَاضَضْنَا	نحن
تَحَاضَّ	تَتَحَاضَّ	تَتَحَاضَّ	تَتَحَاضُّ	تَحَاضَضْتَ	أنتَ
تَحَاضِّي	تَتَحَاضِّي	تَتَحَاضِّي	تَتَحَاضِّينَ	تَحَاضَضْتِ	أنتِ
تَحَاضَّا	تَتَحَاضَّا	تَتَحَاضَّا	تَتَحَاضَّانِ	تَحَاضَضْتُمَا	أنتما
تَحَاضُّوا	تَتَحَاضُّوا	تَتَحَاضُّوا	تَتَحَاضُّونَ	تَحَاضَضْتُمْ	أنتم
تَحَاضَضْنَ	تَتَحَاضَضْنَ	تَتَحَاضَضْنَ	تَتَحَاضَضْنَ	تَحَاضَضْتُنَّ	أنتنَّ
	يَتَحَاضَّ	يَتَحَاضَّ	**يَتَحَاضُّ**	**تَحَاضَّ**	هو
	تَتَحَاضَّ	تَتَحَاضَّ	تَتَحَاضُّ	تَحَاضَّتْ	هي
	يَتَحَاضَّا	يَتَحَاضَّا	يَتَحَاضَّانِ	تَحَاضَّا	هما
	تَتَحَاضَّا	تَتَحَاضَّا	تَتَحَاضَّانِ	تَحَاضَّتَا	هما
	يَتَحَاضُّوا	يَتَحَاضُّوا	يَتَحَاضُّونَ	تَحَاضُّوا	هم
	يَتَحَاضَضْنَ	يَتَحَاضَضْنَ	يَتَحَاضَضْنَ	تَحَاضَضْنَ	هنَّ

الأمْر	المُضارِعُ المَجْزُوم	المُضارِعُ المَنْصُوب	المُضارِعُ المَرْفُوع	الماضي	65
	أَتَمَارَ	أَتَمَارَى	أَتَمَارَى	تَمَارَيْتُ	أنا
	نَتَمَارَ	نَتَمَارَى	نَتَمَارَى	تَمَارَيْنَا	نحن
تَمَارَ	تَتَمَارَ	تَتَمَارَى	تَتَمَارَى	تَمَارَيْتَ	أنتَ
تَمَارَيْ	تَتَمَارَيْ	تَتَمَارَيْ	تَتَمَارَيْنَ	تَمَارَيْتِ	أنتِ
تَمَارَيَا	تَتَمَارَيَا	تَتَمَارَيَا	تَتَمَارَيَانِ	تَمَارَيْتُمَا	أنتما
تَمَارَوْا	تَتَمَارَوْا	تَتَمَارَوْا	تَتَمَارَوْنَ	تَمَارَيْتُمْ	أنتم
تَمَارَيْنَ	تَتَمَارَيْنَ	تَتَمَارَيْنَ	تَتَمَارَيْنَ	تَمَارَيْتُنَّ	أنتنّ
	يَتَمَارَ	يَتَمَارَى	**يَتَمَارَى**	**تَمَارَى**	هو
	تَتَمَارَ	تَتَمَارَى	تَتَمَارَى	تَمَارَتْ	هي
	يَتَمَارَيَا	يَتَمَارَيَا	يَتَمَارَيَانِ	تَمَارَيَا	هما
	تَتَمَارَيَا	تَتَمَارَيَا	تَتَمَارَيَانِ	تَمَارَتَا	هما
	يَتَمَارَوْا	يَتَمَارَوْا	يَتَمَارَوْنَ	تَمَارَوْا	هم
	يَتَمَارَيْنَ	يَتَمَارَيْنَ	يَتَمَارَيْنَ	تَمَارَيْنَ	هنّ

الأمْر	المُضارِعُ المَجْزُوم	المُضارِعُ المَنْصُوب	المُضارِعُ المَرْفُوع	الماضي	66
	أَتَعَاشَ	أَتَعَاشَى	أَتَعَاشَى	تَعَاشَيْتُ	أنا
	نَتَعَاشَ	نَتَعَاشَى	نَتَعَاشَى	تَعَاشَيْنَا	نحن
تَعَاشَ	تَتَعَاشَ	تَتَعَاشَى	تَتَعَاشَى	تَعَاشَيْتَ	أنتَ
تَعَاشَيْ	تَتَعَاشَيْ	تَتَعَاشَيْ	تَتَعَاشَيْنَ	تَعَاشَيْتِ	أنتِ
تَعَاشَيَا	تَتَعَاشَيَا	تَتَعَاشَيَا	تَتَعَاشَيَانِ	تَعَاشَيْتُمَا	أنتما
تَعَاشَوْا	تَتَعَاشَوْا	تَتَعَاشَوْا	تَتَعَاشَوْنَ	تَعَاشَيْتُمْ	أنتم
تَعَاشَيْنَ	تَتَعَاشَيْنَ	تَتَعَاشَيْنَ	تَتَعَاشَيْنَ	تَعَاشَيْتُنَّ	أنتنّ
	يَتَعَاشَ	يَتَعَاشَى	**يَتَعَاشَى**	**تَعَاشَى**	هو
	تَتَعَاشَ	تَتَعَاشَى	تَتَعَاشَى	تَعَاشَتْ	هي
	يَتَعَاشَيَا	يَتَعَاشَيَا	يَتَعَاشَيَانِ	تَعَاشَيَا	هما
	تَتَعَاشَيَا	تَتَعَاشَيَا	تَتَعَاشَيَانِ	تَعَاشَتَا	هما
	يَتَعَاشَوْا	يَتَعَاشَوْا	يَتَعَاشَوْنَ	تَعَاشَوْا	هم
	يَتَعَاشَيْنَ	يَتَعَاشَيْنَ	يَتَعَاشَيْنَ	تَعَاشَيْنَ	هنّ

67	الماضي	المضارع المرفوع	المضارع المنصوب	المضارع المجزوم	الأمر
أنا	تَوارَيْتُ	أَتَوارَى	أَتَوارَى	أَتَوارَ	
نحن	تَوارَيْنا	نَتَوارَى	نَتَوارَى	نَتَوارَ	
أنتَ	تَوارَيْتَ	تَتَوارَى	تَتَوارَى	تَتَوارَ	تَوارَ
أنتِ	تَوارَيْتِ	تَتَوارَيْنَ	تَتَوارَيْ	تَتَوارَيْ	تَوارَيْ
أنتما	تَوارَيْتُما	تَتَوارَيانِ	تَتَوارَيا	تَتَوارَيا	تَوارَيا
أنتم	تَوارَيْتُمْ	تَتَوارَوْنَ	تَتَوارَوْا	تَتَوارَوْا	تَوارَوْا
أنتنّ	تَوارَيْتُنَّ	تَتَوارَيْنَ	تَتَوارَيْنَ	تَتَوارَيْنَ	تَوارَيْنَ
هو	**تَوارَى**	**يَتَوارَى**	يَتَوارَى	يَتَوارَ	
هي	تَوارَتْ	تَتَوارَى	تَتَوارَى	تَتَوارَ	
هما	تَوارَيا	يَتَوارَيانِ	يَتَوارَيا	يَتَوارَيا	
هما	تَوارَتا	تَتَوارَيانِ	تَتَوارَيا	تَتَوارَيا	
هم	تَوارَوْا	يَتَوارَوْنَ	يَتَوارَوْا	يَتَوارَوْا	
هنّ	تَوارَيْنَ	يَتَوارَيْنَ	يَتَوارَيْنَ	يَتَوارَيْنَ	

68	الماضي	المضارع المرفوع	المضارع المنصوب	المضارع المجزوم	الأمر
أنا	تَوانَيْتُ	أَتَوانَى	أَتَوانَى	أَتَوانَ	
نحن	تَوانَيْنا	نَتَوانَى	نَتَوانَى	نَتَوانَ	
أنتَ	تَوانَيْتَ	تَتَوانَى	تَتَوانَى	تَتَوانَ	تَوانَ
أنتِ	تَوانَيْتِ	تَتَوانَيْنَ	تَتَوانَيْ	تَتَوانَيْ	تَوانَيْ
أنتما	تَوانَيْتُما	تَتَوانَيانِ	تَتَوانَيا	تَتَوانَيا	تَوانَيا
أنتم	تَوانَيْتُمْ	تَتَوانَوْنَ	تَتَوانَوْا	تَتَوانَوْا	تَوانَوْا
أنتنّ	تَوانَيْتُنَّ	تَتَوانَيْنَ	تَتَوانَيْنَ	تَتَوانَيْنَ	تَوانَيْنَ
هو	**تَوانَى**	**يَتَوانَى**	يَتَوانَى	يَتَوانَ	
هي	تَوانَتْ	تَتَوانَى	تَتَوانَى	تَتَوانَ	
هما	تَوانَيا	يَتَوانَيانِ	يَتَوانَيا	يَتَوانَيا	
هما	تَوانَتا	تَتَوانَيانِ	تَتَوانَيا	تَتَوانَيا	
هم	تَوانَوْا	يَتَوانَوْنَ	يَتَوانَوْا	يَتَوانَوْا	
هنّ	تَوانَيْنَ	يَتَوانَيْنَ	يَتَوانَيْنَ	يَتَوانَيْنَ	

69

الأَمْر	المُضارع المَجْزوم	المُضارع المَنْصوب	المُضارع المَرْفوع	الماضي	
	أَنْطَلِقْ	أَنْطَلِقَ	أَنْطَلِقُ	اِنْطَلَقْتُ	أنا
	نَنْطَلِقْ	نَنْطَلِقَ	نَنْطَلِقُ	اِنْطَلَقْنا	نحن
اِنْطَلِقْ	تَنْطَلِقْ	تَنْطَلِقَ	تَنْطَلِقُ	اِنْطَلَقْتَ	أنتَ
اِنْطَلِقي	تَنْطَلِقي	تَنْطَلِقي	تَنْطَلِقينَ	اِنْطَلَقْتِ	أنتِ
اِنْطَلِقا	تَنْطَلِقا	تَنْطَلِقا	تَنْطَلِقانِ	اِنْطَلَقْتُما	أنتما
اِنْطَلِقوا	تَنْطَلِقوا	تَنْطَلِقوا	تَنْطَلِقونَ	اِنْطَلَقْتُمْ	أنتم
اِنْطَلِقْنَ	تَنْطَلِقْنَ	تَنْطَلِقْنَ	تَنْطَلِقْنَ	اِنْطَلَقْتُنَّ	أنتنّ
	يَنْطَلِقْ	يَنْطَلِقَ	يَنْطَلِقُ	اِنْطَلَقَ	هو
	تَنْطَلِقْ	تَنْطَلِقَ	تَنْطَلِقُ	اِنْطَلَقَتْ	هي
	يَنْطَلِقا	يَنْطَلِقا	يَنْطَلِقانِ	اِنْطَلَقا	هما
	تَنْطَلِقا	تَنْطَلِقا	تَنْطَلِقانِ	اِنْطَلَقَتا	هما
	يَنْطَلِقوا	يَنْطَلِقوا	يَنْطَلِقونَ	اِنْطَلَقوا	هم
	يَنْطَلِقْنَ	يَنْطَلِقْنَ	يَنْطَلِقْنَ	اِنْطَلَقْنَ	هنّ

70

الأَمْر	المُضارع المَجْزوم	المُضارع المَنْصوب	المُضارع المَرْفوع	الماضي	
	أَنْعَزِلْ	أَنْعَزِلَ	أَنْعَزِلُ	اِنْعَزَلْتُ	أنا
	نَنْعَزِلْ	نَنْعَزِلَ	نَنْعَزِلُ	اِنْعَزَلْنا	نحن
اِنْعَزِلْ	تَنْعَزِلْ	تَنْعَزِلَ	تَنْعَزِلُ	اِنْعَزَلْتَ	أنتَ
اِنْعَزِلي	تَنْعَزِلي	تَنْعَزِلي	تَنْعَزِلينَ	اِنْعَزَلْتِ	أنتِ
اِنْعَزِلا	تَنْعَزِلا	تَنْعَزِلا	تَنْعَزِلانِ	اِنْعَزَلْتُما	أنتما
اِنْعَزِلوا	تَنْعَزِلوا	تَنْعَزِلوا	تَنْعَزِلونَ	اِنْعَزَلْتُمْ	أنتم
اِنْعَزِلْنَ	تَنْعَزِلْنَ	تَنْعَزِلْنَ	تَنْعَزِلْنَ	اِنْعَزَلْتُنَّ	أنتنّ
	يَنْعَزِلْ	يَنْعَزِلَ	يَنْعَزِلُ	اِنْعَزَلَ	هو
	تَنْعَزِلْ	تَنْعَزِلَ	تَنْعَزِلُ	اِنْعَزَلَتْ	هي
	يَنْعَزِلا	يَنْعَزِلا	يَنْعَزِلانِ	اِنْعَزَلا	هما
	تَنْعَزِلا	تَنْعَزِلا	تَنْعَزِلانِ	اِنْعَزَلَتا	هما
	يَنْعَزِلوا	يَنْعَزِلوا	يَنْعَزِلونَ	اِنْعَزَلوا	هم
	يَنْعَزِلْنَ	يَنْعَزِلْنَ	يَنْعَزِلْنَ	اِنْعَزَلْنَ	هنّ

الأمْرُ	المُضارِعُ المَجْزُوم	المُضارِعُ المَنْصُوبُ	المُضارِعُ المَرْفُوعُ	المَاضِي	71
	أَنْدَلَّ	أَنْدَلَّ	أَنْدَلُّ	اِنْدَلَلْتُ	أنا
	نَنْدَلَّ	نَنْدَلَّ	نَنْدَلُّ	اِنْدَلَلْنَا	نحن
اِنْدَلَّ	تَنْدَلَّ	تَنْدَلَّ	تَنْدَلُّ	اِنْدَلَلْتَ	أنتَ
اِنْدَلِّي	تَنْدَلِّي	تَنْدَلِّي	تَنْدَلِّينَ	اِنْدَلَلْتِ	أنتِ
اِنْدَلَّا	تَنْدَلَّا	تَنْدَلَّا	تَنْدَلَّانِ	اِنْدَلَلْتُمَا	أنتما
اِنْدَلُّوا	تَنْدَلُّوا	تَنْدَلُّوا	تَنْدَلُّونَ	اِنْدَلَلْتُمْ	أنتم
اِنْدَلِلْنَ	تَنْدَلِلْنَ	تَنْدَلِلْنَ	تَنْدَلِلْنَ	اِنْدَلَلْتُنَّ	أنتنّ
	يَنْدَلَّ	يَنْدَلَّ	**يَنْدَلُّ**	**اِنْدَلَّ**	هو
	تَنْدَلَّ	تَنْدَلَّ	تَنْدَلُّ	اِنْدَلَّتْ	هي
	يَنْدَلَّا	يَنْدَلَّا	يَنْدَلَّانِ	اِنْدَلَّا	هما
	تَنْدَلَّا	تَنْدَلَّا	تَنْدَلَّانِ	اِنْدَلَّتَا	هما
	يَنْدَلُّوا	يَنْدَلُّوا	يَنْدَلُّونَ	اِنْدَلُّوا	هم
	يَنْدَلِلْنَ	يَنْدَلِلْنَ	يَنْدَلِلْنَ	اِنْدَلَلْنَ	هنّ

الأمْرُ	المُضارِعُ المَجْزُوم	المُضارِعُ المَنْصُوبُ	المُضارِعُ المَرْفُوعُ	المَاضِي	72
	أَنْسَلَّ	أَنْسَلَّ	أَنْسَلُّ	اِنْسَلَلْتُ	أنا
	نَنْسَلَّ	نَنْسَلَّ	نَنْسَلُّ	اِنْسَلَلْنَا	نحن
اِنْسَلَّ	تَنْسَلَّ	تَنْسَلَّ	تَنْسَلُّ	اِنْسَلَلْتَ	أنتَ
اِنْسَلِّي	تَنْسَلِّي	تَنْسَلِّي	تَنْسَلِّينَ	اِنْسَلَلْتِ	أنتِ
اِنْسَلَّا	تَنْسَلَّا	تَنْسَلَّا	تَنْسَلَّانِ	اِنْسَلَلْتُمَا	أنتما
اِنْسَلُّوا	تَنْسَلُّوا	تَنْسَلُّوا	تَنْسَلُّونَ	اِنْسَلَلْتُمْ	أنتم
اِنْسَلِلْنَ	تَنْسَلِلْنَ	تَنْسَلِلْنَ	تَنْسَلِلْنَ	اِنْسَلَلْتُنَّ	أنتنّ
	يَنْسَلَّ	يَنْسَلَّ	**يَنْسَلُّ**	**اِنْسَلَّ**	هو
	تَنْسَلَّ	تَنْسَلَّ	تَنْسَلُّ	اِنْسَلَّتْ	هي
	يَنْسَلَّا	يَنْسَلَّا	يَنْسَلَّانِ	اِنْسَلَّا	هما
	تَنْسَلَّا	تَنْسَلَّا	تَنْسَلَّانِ	اِنْسَلَّتَا	هما
	يَنْسَلُّوا	يَنْسَلُّوا	يَنْسَلُّونَ	اِنْسَلُّوا	هم
	يَنْسَلِلْنَ	يَنْسَلِلْنَ	يَنْسَلِلْنَ	اِنْسَلَلْنَ	هنّ

73	الماضي	المُضارِعُ المرفُوعُ	المُضارِعُ المنصُوبُ	المُضارِعُ المجزُومُ	الأمْرُ
أنا	إِنْقَضْتُ	أَنْقَاضُ	أَنْقَاضَ	أَنْقَضْ	
نحن	إِنْقَضْنَا	نَنْقَاضُ	نَنْقَاضَ	نَنْقَضْ	
أنتَ	إِنْقَضْتَ	تَنْقَاضُ	تَنْقَاضَ	تَنْقَضْ	إِنْقَضْ
أنتِ	إِنْقَضْتِ	تَنْقَاضِينَ	تَنْقَاضِي	تَنْقَاضِي	إِنْقَاضِي
أنتما	إِنْقَضْتُمَا	تَنْقَاضَانِ	تَنْقَاضَا	تَنْقَاضَا	إِنْقَاضَا
أنتم	إِنْقَضْتُمْ	تَنْقَاضُونَ	تَنْقَاضُوا	تَنْقَاضُوا	إِنْقَاضُوا
أنتنّ	إِنْقَضْتُنَّ	تَنْقَضْنَ	تَنْقَضْنَ	تَنْقَضْنَ	إِنْقَضْنَ
هو	**إِنْقَاضَ**	**يَنْقَاضُ**	يَنْقَاضَ	يَنْقَضْ	
هي	إِنْقَاضَتْ	تَنْقَاضُ	تَنْقَاضَ	تَنْقَضْ	
هما	إِنْقَاضَا	يَنْقَاضَانِ	يَنْقَاضَا	يَنْقَاضَا	
هما	إِنْقَاضَتَا	تَنْقَاضَانِ	تَنْقَاضَا	تَنْقَاضَا	
هم	إِنْقَاضُوا	يَنْقَاضُونَ	يَنْقَاضُوا	يَنْقَاضُوا	
هنّ	إِنْقَضْنَ	يَنْقَضْنَ	يَنْقَضْنَ	يَنْقَضْنَ	

74	الماضي	المُضارِعُ المرفُوعُ	المُضارِعُ المنصُوبُ	المُضارِعُ المجزُومُ	الأمْرُ
أنا	إِنْبَعْتُ	أَنْبَاعُ	أَنْبَاعَ	أَنْبَعْ	
نحن	إِنْبَعْنَا	نَنْبَاعُ	نَنْبَاعَ	نَنْبَعْ	
أنتَ	إِنْبَعْتَ	تَنْبَاعُ	تَنْبَاعَ	تَنْبَعْ	إِنْبَعْ
أنتِ	إِنْبَعْتِ	تَنْبَاعِينَ	تَنْبَاعِي	تَنْبَاعِي	إِنْبَاعِي
أنتما	إِنْبَعْتُمَا	تَنْبَاعَانِ	تَنْبَاعَا	تَنْبَاعَا	إِنْبَاعَا
أنتم	إِنْبَعْتُمْ	تَنْبَاعُونَ	تَنْبَاعُوا	تَنْبَاعُوا	إِنْبَاعُوا
أنتنّ	إِنْبَعْتُنَّ	تَنْبَعْنَ	تَنْبَعْنَ	تَنْبَعْنَ	إِنْبَعْنَ
هو	**إِنْبَاعَ**	**يَنْبَاعُ**	يَنْبَاعَ	يَنْبَعْ	
هي	إِنْبَاعَتْ	تَنْبَاعُ	تَنْبَاعَ	تَنْبَعْ	
هما	إِنْبَاعَا	يَنْبَاعَانِ	يَنْبَاعَا	يَنْبَاعَا	
هما	إِنْبَاعَتَا	تَنْبَاعَانِ	تَنْبَاعَا	تَنْبَاعَا	
هم	إِنْبَاعُوا	يَنْبَاعُونَ	يَنْبَاعُوا	يَنْبَاعُوا	
هنّ	إِنْبَعْنَ	يَنْبَعْنَ	يَنْبَعْنَ	يَنْبَعْنَ	

75	الماضي	المُضارِعُ المرفوعُ	المُضارِعُ المنصوبُ	المُضارِعُ المَجْزُومُ	الأَمْرُ
أنا	اِنْضَوَيْتُ	أَنْضَوِي	أَنْضَوِيَ	أَنْضَوِ	
نحن	اِنْضَوَيْنَا	نَنْضَوِي	نَنْضَوِيَ	نَنْضَوِ	
أنتَ	اِنْضَوَيْتَ	تَنْضَوِي	تَنْضَوِيَ	تَنْضَوِ	اِنْضَوِ
أنتِ	اِنْضَوَيْتِ	تَنْضَوِينَ	تَنْضَوِي	تَنْضَوِي	اِنْضَوِي
أنتما	اِنْضَوَيْتُمَا	تَنْضَوِيَانِ	تَنْضَوِيَا	تَنْضَوِيَا	اِنْضَوِيَا
أنتم	اِنْضَوَيْتُمْ	تَنْضَوُونَ	تَنْضَوُوا	تَنْضَوُوا	اِنْضَوُوا
أنتنّ	اِنْضَوَيْتُنَّ	تَنْضَوِينَ	تَنْضَوِينَ	تَنْضَوِينَ	اِنْضَوِينَ
هو	**اِنْضَوَى**	**يَنْضَوِي**	يَنْضَوِيَ	يَنْضَوِ	
هي	اِنْضَوَتْ	تَنْضَوِي	تَنْضَوِيَ	تَنْضَوِ	
هما	اِنْضَوَيَا	يَنْضَوِيَانِ	يَنْضَوِيَا	يَنْضَوِيَا	
هما	اِنْضَوَتَا	تَنْضَوِيَانِ	تَنْضَوِيَا	تَنْضَوِيَا	
هم	اِنْضَوَوْا	يَنْضَوُونَ	يَنْضَوُوا	يَنْضَوُوا	
هنّ	اِنْضَوَيْنَ	يَنْضَوِينَ	يَنْضَوِينَ	يَنْضَوِينَ	

76	الماضي	المُضارِعُ المرفوعُ	المُضارِعُ المنصوبُ	المُضارِعُ المَجْزُومُ	الأَمْرُ
أنا	اِنْزَوَيْتُ	أَنْزَوِي	أَنْزَوِيَ	أَنْزَوِ	
نحن	اِنْزَوَيْنَا	نَنْزَوِي	نَنْزَوِيَ	نَنْزَوِ	
أنتَ	اِنْزَوَيْتَ	تَنْزَوِي	تَنْزَوِيَ	تَنْزَوِ	اِنْزَوِ
أنتِ	اِنْزَوَيْتِ	تَنْزَوِينَ	تَنْزَوِي	تَنْزَوِي	اِنْزَوِي
أنتما	اِنْزَوَيْتُمَا	تَنْزَوِيَانِ	تَنْزَوِيَا	تَنْزَوِيَا	اِنْزَوِيَا
أنتم	اِنْزَوَيْتُمْ	تَنْزَوُونَ	تَنْزَوُوا	تَنْزَوُوا	اِنْزَوُوا
أنتنّ	اِنْزَوَيْتُنَّ	تَنْزَوِينَ	تَنْزَوِينَ	تَنْزَوِينَ	اِنْزَوِينَ
هو	**اِنْزَوَى**	**يَنْزَوِي**	يَنْزَوِيَ	يَنْزَوِ	
هي	اِنْزَوَتْ	تَنْزَوِي	تَنْزَوِيَ	تَنْزَوِ	
هما	اِنْزَوَيَا	يَنْزَوِيَانِ	يَنْزَوِيَا	يَنْزَوِيَا	
هما	اِنْزَوَتَا	تَنْزَوِيَانِ	تَنْزَوِيَا	تَنْزَوِيَا	
هم	اِنْزَوَوْا	يَنْزَوُونَ	يَنْزَوُوا	يَنْزَوُوا	
هنّ	اِنْزَوَيْنَ	يَنْزَوِينَ	يَنْزَوِينَ	يَنْزَوِينَ	

Tome 4 Médine Conjugaison   La maîtrises-tu ?   C O R R E C T I O N

77

الأمر	المضارع المجزوم	المضارع المنصوب	المضارع المرفوع	الماضي	
	أَعْتَمِرْ	أَعْتَمِرَ	أَعْتَمِرُ	اِعْتَمَرْتُ	أنا
	نَعْتَمِرْ	نَعْتَمِرَ	نَعْتَمِرُ	اِعْتَمَرْنَا	نحن
اِعْتَمِرْ	تَعْتَمِرْ	تَعْتَمِرَ	تَعْتَمِرُ	اِعْتَمَرْتَ	أنتَ
اِعْتَمِرِي	تَعْتَمِرِي	تَعْتَمِرِي	تَعْتَمِرِينَ	اِعْتَمَرْتِ	أنتِ
اِعْتَمِرَا	تَعْتَمِرَا	تَعْتَمِرَا	تَعْتَمِرَانِ	اِعْتَمَرْتُمَا	أنتما
اِعْتَمِرُوا	تَعْتَمِرُوا	تَعْتَمِرُوا	تَعْتَمِرُونَ	اِعْتَمَرْتُمْ	أنتم
اِعْتَمِرْنَ	تَعْتَمِرْنَ	تَعْتَمِرْنَ	تَعْتَمِرْنَ	اِعْتَمَرْتُنَّ	أنتنَ
	يَعْتَمِرْ	يَعْتَمِرَ	**يَعْتَمِرُ**	**اِعْتَمَرَ**	هو
	تَعْتَمِرْ	تَعْتَمِرَ	تَعْتَمِرُ	اِعْتَمَرَتْ	هي
	يَعْتَمِرَا	يَعْتَمِرَا	يَعْتَمِرَانِ	اِعْتَمَرَا	هما
	تَعْتَمِرَا	تَعْتَمِرَا	تَعْتَمِرَانِ	اِعْتَمَرَتَا	هما
	يَعْتَمِرُوا	يَعْتَمِرُوا	يَعْتَمِرُونَ	اِعْتَمَرُوا	هم
	يَعْتَمِرْنَ	يَعْتَمِرْنَ	يَعْتَمِرْنَ	اِعْتَمَرْنَ	هنَ

78

الأمر	المضارع المجزوم	المضارع المنصوب	المضارع المرفوع	الماضي	
	أَسْتَمِعْ	أَسْتَمِعَ	أَسْتَمِعُ	اِسْتَمَعْتُ	أنا
	نَسْتَمِعْ	نَسْتَمِعَ	نَسْتَمِعُ	اِسْتَمَعْنَا	نحن
اِسْتَمِعْ	تَسْتَمِعْ	تَسْتَمِعَ	تَسْتَمِعُ	اِسْتَمَعْتَ	أنتَ
اِسْتَمِعِي	تَسْتَمِعِي	تَسْتَمِعِي	تَسْتَمِعِينَ	اِسْتَمَعْتِ	أنتِ
اِسْتَمِعَا	تَسْتَمِعَا	تَسْتَمِعَا	تَسْتَمِعَانِ	اِسْتَمَعْتُمَا	أنتما
اِسْتَمِعُوا	تَسْتَمِعُوا	تَسْتَمِعُوا	تَسْتَمِعُونَ	اِسْتَمَعْتُمْ	أنتم
اِسْتَمِعْنَ	تَسْتَمِعْنَ	تَسْتَمِعْنَ	تَسْتَمِعْنَ	اِسْتَمَعْتُنَّ	أنتنَ
	يَسْتَمِعْ	يَسْتَمِعَ	**يَسْتَمِعُ**	**اِسْتَمَعَ**	هو
	تَسْتَمِعْ	تَسْتَمِعَ	تَسْتَمِعُ	اِسْتَمَعَتْ	هي
	يَسْتَمِعَا	يَسْتَمِعَا	يَسْتَمِعَانِ	اِسْتَمَعَا	هما
	تَسْتَمِعَا	تَسْتَمِعَا	تَسْتَمِعَانِ	اِسْتَمَعَتَا	هما
	يَسْتَمِعُوا	يَسْتَمِعُوا	يَسْتَمِعُونَ	اِسْتَمَعُوا	هم
	يَسْتَمِعْنَ	يَسْتَمِعْنَ	يَسْتَمِعْنَ	اِسْتَمَعْنَ	هنَ

79	الماضي	المُضارِع المَرفُوع	المُضارِع المنصوب	المُضارِع المجزوم	الأمر
أنا	اِظَّلَمْتُ	أَظَّلِمُ	أَظَّلِمَ	أَظَّلِمْ	
نحن	اِظَّلَمْنَا	نَظَّلِمُ	نَظَّلِمَ	نَظَّلِمْ	
أنتَ	اِظَّلَمْتَ	تَظَّلِمُ	تَظَّلِمَ	تَظَّلِمْ	اِظَّلِمْ
أنتِ	اِظَّلَمْتِ	تَظَّلِمِينَ	تَظَّلِمِي	تَظَّلِمِي	اِظَّلِمِي
أنتما	اِظَّلَمْتُمَا	تَظَّلِمَانِ	تَظَّلِمَا	تَظَّلِمَا	اِظَّلِمَا
أنتم	اِظَّلَمْتُمْ	تَظَّلِمُونَ	تَظَّلِمُوا	تَظَّلِمُوا	اِظَّلِمُوا
أنتنّ	اِظَّلَمْتُنَّ	تَظَّلِمْنَ	تَظَّلِمْنَ	تَظَّلِمْنَ	اِظَّلِمْنَ
هو	**اِظَّلَمَ**	**يَظَّلِمُ**	يَظَّلِمَ	يَظَّلِمْ	
هي	اِظَّلَمَتْ	تَظَّلِمُ	تَظَّلِمَ	تَظَّلِمْ	
هما	اِظَّلَمَا	يَظَّلِمَانِ	يَظَّلِمَا	يَظَّلِمَا	
هما	اِظَّلَمَتَا	تَظَّلِمَانِ	تَظَّلِمَا	تَظَّلِمَا	
هم	اِظَّلَمُوا	يَظَّلِمُونَ	يَظَّلِمُوا	يَظَّلِمُوا	
هنّ	اِظَّلَمْنَ	يَظَّلِمْنَ	يَظَّلِمْنَ	يَظَّلِمْنَ	

80	الماضي	المُضارِع المَرفُوع	المُضارِع المنصوب	المُضارِع المجزوم	الأمر
أنا	اِتَّخَذْتُ	أَتَّخِذُ	أَتَّخِذَ	أَتَّخِذْ	
نحن	اِتَّخَذْنَا	نَتَّخِذُ	نَتَّخِذَ	نَتَّخِذْ	
أنتَ	اِتَّخَذْتَ	تَتَّخِذُ	تَتَّخِذَ	تَتَّخِذْ	اِتَّخِذْ
أنتِ	اِتَّخَذْتِ	تَتَّخِذِينَ	تَتَّخِذِي	تَتَّخِذِي	اِتَّخِذِي
أنتما	اِتَّخَذْتُمَا	تَتَّخِذَانِ	تَتَّخِذَا	تَتَّخِذَا	اِتَّخِذَا
أنتم	اِتَّخَذْتُمْ	تَتَّخِذُونَ	تَتَّخِذُوا	تَتَّخِذُوا	اِتَّخِذُوا
أنتنّ	اِتَّخَذْتُنَّ	تَتَّخِذْنَ	تَتَّخِذْنَ	تَتَّخِذْنَ	اِتَّخِذْنَ
هو	**اِتَّخَذَ**	**يَتَّخِذُ**	يَتَّخِذَ	يَتَّخِذْ	
هي	اِتَّخَذَتْ	تَتَّخِذُ	تَتَّخِذَ	تَتَّخِذْ	
هما	اِتَّخَذَا	يَتَّخِذَانِ	يَتَّخِذَا	يَتَّخِذَا	
هما	اِتَّخَذَتَا	تَتَّخِذَانِ	تَتَّخِذَا	تَتَّخِذَا	
هم	اِتَّخَذُوا	يَتَّخِذُونَ	يَتَّخِذُوا	يَتَّخِذُوا	
هنّ	اِتَّخَذْنَ	يَتَّخِذْنَ	يَتَّخِذْنَ	يَتَّخِذْنَ	

الأمر	المضارع المجزوم	المضارع المنصوب	المضارع المرفوع	الماضي	81
	أَمْتَلِئْ	أَمْتَلِئَ	أَمْتَلِئُ	اِمْتَلَأْتُ	أنا
	نَمْتَلِئْ	نَمْتَلِئَ	نَمْتَلِئُ	اِمْتَلَأْنَا	نحن
اِمْتَلِئْ	تَمْتَلِئْ	تَمْتَلِئَ	تَمْتَلِئُ	اِمْتَلَأْتَ	أنتَ
اِمْتَلِئِي	تَمْتَلِئِي	تَمْتَلِئِي	تَمْتَلِئِينَ	اِمْتَلَأْتِ	أنتِ
اِمْتَلِئَا	تَمْتَلِئَا	تَمْتَلِئَا	تَمْتَلِئَانِ	اِمْتَلَأْتُمَا	أنتما
اِمْتَلِئُوا	تَمْتَلِئُوا	تَمْتَلِئُوا	تَمْتَلِئُونَ	اِمْتَلَأْتُمْ	أنتم
اِمْتَلِئْنَ	تَمْتَلِئْنَ	تَمْتَلِئْنَ	تَمْتَلِئْنَ	اِمْتَلَأْتُنَّ	أنتنّ
	يَمْتَلِئْ	يَمْتَلِئَ	**يَمْتَلِئُ**	**اِمْتَلَأَ**	هو
	تَمْتَلِئْ	تَمْتَلِئَ	تَمْتَلِئُ	اِمْتَلَأَتْ	هي
	يَمْتَلِئَا	يَمْتَلِئَا	يَمْتَلِئَانِ	اِمْتَلَآ	هما
	تَمْتَلِئَا	تَمْتَلِئَا	تَمْتَلِئَانِ	اِمْتَلَأَتَا	هما
	يَمْتَلِئُوا	يَمْتَلِئُوا	يَمْتَلِئُونَ	اِمْتَلَئُوا	هم
	يَمْتَلِئْنَ	يَمْتَلِئْنَ	يَمْتَلِئْنَ	اِمْتَلَأْنَ	هنّ

الأمر	المضارع المجزوم	المضارع المنصوب	المضارع المرفوع	الماضي	82
	أَتَّصِلْ	أَتَّصِلَ	أَتَّصِلُ	اِتَّصَلْتُ	أنا
	نَتَّصِلْ	نَتَّصِلَ	نَتَّصِلُ	اِتَّصَلْنَا	نحن
اِتَّصِلْ	تَتَّصِلْ	تَتَّصِلَ	تَتَّصِلُ	اِتَّصَلْتَ	أنتَ
اِتَّصِلِي	تَتَّصِلِي	تَتَّصِلِي	تَتَّصِلِينَ	اِتَّصَلْتِ	أنتِ
اِتَّصِلَا	تَتَّصِلَا	تَتَّصِلَا	تَتَّصِلَانِ	اِتَّصَلْتُمَا	أنتما
اِتَّصِلُوا	تَتَّصِلُوا	تَتَّصِلُوا	تَتَّصِلُونَ	اِتَّصَلْتُمْ	أنتم
اِتَّصِلْنَ	تَتَّصِلْنَ	تَتَّصِلْنَ	تَتَّصِلْنَ	اِتَّصَلْتُنَّ	أنتنّ
	يَتَّصِلْ	يَتَّصِلَ	**يَتَّصِلُ**	**اِتَّصَلَ**	هو
	تَتَّصِلْ	تَتَّصِلَ	تَتَّصِلُ	اِتَّصَلَتْ	هي
	يَتَّصِلَا	يَتَّصِلَا	يَتَّصِلَانِ	اِتَّصَلَا	هما
	تَتَّصِلَا	تَتَّصِلَا	تَتَّصِلَانِ	اِتَّصَلَتَا	هما
	يَتَّصِلُوا	يَتَّصِلُوا	يَتَّصِلُونَ	اِتَّصَلُوا	هم
	يَتَّصِلْنَ	يَتَّصِلْنَ	يَتَّصِلْنَ	اِتَّصَلْنَ	هنّ

الأمْرُ	المُضارِعُ المَجْزُومُ	المُضارِعُ المنصوبُ	المُضارِعُ المَرْفُوعُ	الماضِي	83
	أَحْتَفَّ	أَحْتَفَّ	أَحْتَفُّ	اِحْتَفَفْتُ	أنا
	نَحْتَفَّ	نَحْتَفَّ	نَحْتَفُّ	اِحْتَفَفْنَا	نحن
اِحْتَفَّ	تَحْتَفَّ	تَحْتَفَّ	تَحْتَفُّ	اِحْتَفَفْتَ	أنتَ
اِحْتَفِّي	تَحْتَفِّي	تَحْتَفِّي	تَحْتَفِّينَ	اِحْتَفَفْتِ	أنتِ
اِحْتَفَّا	تَحْتَفَّا	تَحْتَفَّا	تَحْتَفَّانِ	اِحْتَفَفْتُمَا	أنتما
اِحْتَفُّوا	تَحْتَفُّوا	تَحْتَفُّوا	تَحْتَفُّونَ	اِحْتَفَفْتُمْ	أنتم
اِحْتَفِفْنَ	تَحْتَفِفْنَ	تَحْتَفِفْنَ	تَحْتَفِفْنَ	اِحْتَفَفْتُنَّ	أنتنّ
	يَحْتَفَّ	يَحْتَفَّ	**يَحْتَفُّ**	**اِحْتَفَّ**	هو
	تَحْتَفَّ	تَحْتَفَّ	تَحْتَفُّ	اِحْتَفَّتْ	هي
	يَحْتَفَّا	يَحْتَفَّا	يَحْتَفَّانِ	اِحْتَفَّا	هما
	تَحْتَفَّا	تَحْتَفَّا	تَحْتَفَّانِ	اِحْتَفَّتَا	هما
	يَحْتَفُّوا	يَحْتَفُّوا	يَحْتَفُّونَ	اِحْتَفُّوا	هم
	يَحْتَفِفْنَ	يَحْتَفِفْنَ	يَحْتَفِفْنَ	اِحْتَفَفْنَ	هنّ

الأمْرُ	المُضارِعُ المَجْزُومُ	المُضارِعُ المنصوبُ	المُضارِعُ المَرْفُوعُ	الماضِي	84
	أَسْتَنَّ	أَسْتَنَّ	أَسْتَنُّ	اِسْتَنَنْتُ	أنا
	نَسْتَنَّ	نَسْتَنَّ	نَسْتَنُّ	اِسْتَنَنَّا	نحن
اِسْتَنَّ	تَسْتَنَّ	تَسْتَنَّ	تَسْتَنُّ	اِسْتَنَنْتَ	أنتَ
اِسْتَنِّي	تَسْتَنِّي	تَسْتَنِّي	تَسْتَنِّينَ	اِسْتَنَنْتِ	أنتِ
اِسْتَنَّا	تَسْتَنَّا	تَسْتَنَّا	تَسْتَنَّانِ	اِسْتَنَنْتُمَا	أنتما
اِسْتَنُّوا	تَسْتَنُّوا	تَسْتَنُّوا	تَسْتَنُّونَ	اِسْتَنَنْتُمْ	أنتم
اِسْتَنِنَّ	تَسْتَنِنَّ	تَسْتَنِنَّ	تَسْتَنِنَّ	اِسْتَنَنْتُنَّ	أنتنّ
	يَسْتَنَّ	يَسْتَنَّ	**يَسْتَنُّ**	**اِسْتَنَّ**	هو
	تَسْتَنَّ	تَسْتَنَّ	تَسْتَنُّ	اِسْتَنَّتْ	هي
	يَسْتَنَّا	يَسْتَنَّا	يَسْتَنَّانِ	اِسْتَنَّا	هما
	تَسْتَنَّا	تَسْتَنَّا	تَسْتَنَّانِ	اِسْتَنَّتَا	هما
	يَسْتَنُّوا	يَسْتَنُّوا	يَسْتَنُّونَ	اِسْتَنُّوا	هم
	يَسْتَنِنَّ	يَسْتَنِنَّ	يَسْتَنِنَّ	اِسْتَنَنَّ	هنّ

الأمْرُ	المُضارِعُ المَجْزُومُ	المُضارِعُ المَنْصُوبُ	المُضارِعُ المَرْفُوعُ	الماضِي	85
	أَخْتَنْ	أَخْتَانَ	أَخْتَانُ	إِخْتَنْتُ	أنا
	نَخْتَنْ	نَخْتَانَ	نَخْتَانُ	إِخْتَنَّا	نحن
إِخْتَنْ	تَخْتَنْ	تَخْتَانَ	تَخْتَانُ	إِخْتَنْتَ	أنتَ
إِخْتَانِي	تَخْتَانِي	تَخْتَانِي	تَخْتَانِينَ	إِخْتَنْتِ	أنتِ
إِخْتَانَا	تَخْتَانَا	تَخْتَانَا	تَخْتَانَانِ	إِخْتَنْتُمَا	أنتما
إِخْتَانُوا	تَخْتَانُوا	تَخْتَانُوا	تَخْتَانُونَ	إِخْتَنْتُمْ	أنتم
إِخْتَنَّ	تَخْتَنَّ	تَخْتَنَّ	تَخْتَنَّ	إِخْتَنْتُنَّ	أنتنّ
	يَخْتَنْ	يَخْتَانَ	**يَخْتَانُ**	**إِخْتَانَ**	هو
	تَخْتَنْ	تَخْتَانَ	تَخْتَانُ	إِخْتَانَتْ	هي
	يَخْتَانَا	يَخْتَانَا	يَخْتَانَانِ	إِخْتَانَا	هما
	تَخْتَانَا	تَخْتَانَا	تَخْتَانَانِ	إِخْتَانَتَا	هما
	يَخْتَانُوا	يَخْتَانُوا	يَخْتَانُونَ	إِخْتَانُوا	هم
	يَخْتَنَّ	يَخْتَنَّ	يَخْتَنَّ	إِخْتَنَّ	هنّ

الأمْرُ	المُضارِعُ المَجْزُومُ	المُضارِعُ المَنْصُوبُ	المُضارِعُ المَرْفُوعُ	الماضِي	86
	أَزْدَنْ	أَزْدَانَ	أَزْدَانُ	إِزْدَنْتُ	أنا
	نَزْدَنْ	نَزْدَانَ	نَزْدَانُ	إِزْدَنَّا	نحن
إِزْدَنْ	تَزْدَنْ	تَزْدَانَ	تَزْدَانُ	إِزْدَنْتَ	أنتَ
إِزْدَانِي	تَزْدَانِي	تَزْدَانِي	تَزْدَانِينَ	إِزْدَنْتِ	أنتِ
إِزْدَانَا	تَزْدَانَا	تَزْدَانَا	تَزْدَانَانِ	إِزْدَنْتُمَا	أنتما
إِزْدَانُوا	تَزْدَانُوا	تَزْدَانُوا	تَزْدَانُونَ	إِزْدَنْتُمْ	أنتم
إِزْدَنَّ	تَزْدَنَّ	تَزْدَنَّ	تَزْدَنَّ	إِزْدَنْتُنَّ	أنتنّ
	يَزْدَنْ	يَزْدَانَ	**يَزْدَانُ**	**إِزْدَانَ**	هو
	تَزْدَنْ	تَزْدَانَ	تَزْدَانُ	إِزْدَانَتْ	هي
	يَزْدَانَا	يَزْدَانَا	يَزْدَانَانِ	إِزْدَانَا	هما
	تَزْدَانَا	تَزْدَانَا	تَزْدَانَانِ	إِزْدَانَتَا	هما
	يَزْدَانُوا	يَزْدَانُوا	يَزْدَانُونَ	إِزْدَانُوا	هم
	يَزْدَنَّ	يَزْدَنَّ	يَزْدَنَّ	إِزْدَنَّ	هنّ

87	الماضي	المُضارِعُ المَرْفُوعُ	المُضارِعُ المَنْصُوبُ	المُضارِعُ المَجْزُومُ	الأمْرُ
أنا	اِصْطَفَيْتُ	أَصْطَفِي	أَصْطَفِيَ	أَصْطَفِ	
نحن	اِصْطَفَيْنَا	نَصْطَفِي	نَصْطَفِيَ	نَصْطَفِ	
أنتَ	اِصْطَفَيْتَ	تَصْطَفِي	تَصْطَفِيَ	تَصْطَفِ	اِصْطَفِ
أنتِ	اِصْطَفَيْتِ	تَصْطَفِينَ	تَصْطَفِي	تَصْطَفِي	اِصْطَفِي
أنتما	اِصْطَفَيْتُمَا	تَصْطَفِيَانِ	تَصْطَفِيَا	تَصْطَفِيَا	اِصْطَفِيَا
أنتم	اِصْطَفَيْتُمْ	تَصْطَفُونَ	تَصْطَفُوا	تَصْطَفُوا	اِصْطَفُوا
أنتنّ	اِصْطَفَيْتُنَّ	تَصْطَفِينَ	تَصْطَفِينَ	تَصْطَفِينَ	اِصْطَفِينَ
هو	**اِصْطَفَى**	**يَصْطَفِي**	يَصْطَفِيَ	يَصْطَفِ	
هي	اِصْطَفَتْ	تَصْطَفِي	تَصْطَفِيَ	تَصْطَفِ	
هما	اِصْطَفَيَا	يَصْطَفِيَانِ	يَصْطَفِيَا	يَصْطَفِيَا	
هما	اِصْطَفَتَا	تَصْطَفِيَانِ	تَصْطَفِيَا	تَصْطَفِيَا	
هم	اِصْطَفَوْا	يَصْطَفُونَ	يَصْطَفُوا	يَصْطَفُوا	
هنّ	اِصْطَفَيْنَ	يَصْطَفِينَ	يَصْطَفِينَ	يَصْطَفِينَ	

88	الماضي	المُضارِعُ المَرْفُوعُ	المُضارِعُ المَنْصُوبُ	المُضارِعُ المَجْزُومُ	الأمْرُ
أنا	اِكْتَفَيْتُ	أَكْتَفِي	أَكْتَفِيَ	أَكْتَفِ	
نحن	اِكْتَفَيْنَا	نَكْتَفِي	نَكْتَفِيَ	نَكْتَفِ	
أنتَ	اِكْتَفَيْتَ	تَكْتَفِي	تَكْتَفِيَ	تَكْتَفِ	اِكْتَفِ
أنتِ	اِكْتَفَيْتِ	تَكْتَفِينَ	تَكْتَفِي	تَكْتَفِي	اِكْتَفِي
أنتما	اِكْتَفَيْتُمَا	تَكْتَفِيَانِ	تَكْتَفِيَا	تَكْتَفِيَا	اِكْتَفِيَا
أنتم	اِكْتَفَيْتُمْ	تَكْتَفُونَ	تَكْتَفُوا	تَكْتَفُوا	اِكْتَفُوا
أنتنّ	اِكْتَفَيْتُنَّ	تَكْتَفِينَ	تَكْتَفِينَ	تَكْتَفِينَ	اِكْتَفِينَ
هو	**اِكْتَفَى**	**يَكْتَفِي**	يَكْتَفِيَ	يَكْتَفِ	
هي	اِكْتَفَتْ	تَكْتَفِي	تَكْتَفِيَ	تَكْتَفِ	
هما	اِكْتَفَيَا	يَكْتَفِيَانِ	يَكْتَفِيَا	يَكْتَفِيَا	
هما	اِكْتَفَتَا	تَكْتَفِيَانِ	تَكْتَفِيَا	تَكْتَفِيَا	
هم	اِكْتَفَوْا	يَكْتَفُونَ	يَكْتَفُوا	يَكْتَفُوا	
هنّ	اِكْتَفَيْنَ	يَكْتَفِينَ	يَكْتَفِينَ	يَكْتَفِينَ	

89	الماضي	المُضارِعُ المَرْفوعُ	المُضارِعُ المَنْصوبُ	المُضارِعُ المَجْزومُ	الأَمْرُ
أنا	اِتَّقَيْتُ	أَتَّقِي	أَتَّقِيَ	أَتَّقِ	
نحن	اِتَّقَيْنَا	نَتَّقِي	نَتَّقِيَ	نَتَّقِ	
أنتَ	اِتَّقَيْتَ	تَتَّقِي	تَتَّقِيَ	تَتَّقِ	اِتَّقِ
أنتِ	اِتَّقَيْتِ	تَتَّقِينَ	تَتَّقِي	تَتَّقِي	اِتَّقِي
أنتما	اِتَّقَيْتُمَا	تَتَّقِيَانِ	تَتَّقِيَا	تَتَّقِيَا	اِتَّقِيَا
أنتم	اِتَّقَيْتُمْ	تَتَّقُونَ	تَتَّقُوا	تَتَّقُوا	اِتَّقُوا
أنتنّ	اِتَّقَيْتُنَّ	تَتَّقِينَ	تَتَّقِينَ	تَتَّقِينَ	اِتَّقِينَ
هو	**اِتَّقَى**	**يَتَّقِي**	يَتَّقِيَ	يَتَّقِ	
هي	اِتَّقَتْ	تَتَّقِي	تَتَّقِيَ	تَتَّقِ	
هما	اِتَّقَيَا	يَتَّقِيَانِ	يَتَّقِيَا	يَتَّقِيَا	
هما	اِتَّقَتَا	تَتَّقِيَانِ	تَتَّقِيَا	تَتَّقِيَا	
هم	اِتَّقَوْا	يَتَّقُونَ	يَتَّقُوا	يَتَّقُوا	
هنّ	اِتَّقَيْنَ	يَتَّقِينَ	يَتَّقِينَ	يَتَّقِينَ	

90	الماضي	المُضارِعُ المَرْفوعُ	المُضارِعُ المَنْصوبُ	المُضارِعُ المَجْزومُ	الأَمْرُ
أنا	اِرْفَضَضْتُ	أَرْفَضُّ	أَرْفَضَّ	أَرْفَضَّ	
نحن	اِرْفَضَضْنَا	نَرْفَضُّ	نَرْفَضَّ	نَرْفَضَّ	
أنتَ	اِرْفَضَضْتَ	تَرْفَضُّ	تَرْفَضَّ	تَرْفَضَّ	اِرْفَضَّ
أنتِ	اِرْفَضَضْتِ	تَرْفَضِّينَ	تَرْفَضِّي	تَرْفَضِّي	اِرْفَضِّي
أنتما	اِرْفَضَضْتُمَا	تَرْفَضَّانِ	تَرْفَضَّا	تَرْفَضَّا	اِرْفَضَّا
أنتم	اِرْفَضَضْتُمْ	تَرْفَضُّونَ	تَرْفَضُّوا	تَرْفَضُّوا	اِرْفَضُّوا
أنتنّ	اِرْفَضَضْتُنَّ	تَرْفَضِضْنَ	تَرْفَضِضْنَ	تَرْفَضِضْنَ	اِرْفَضِضْنَ
هو	**اِرْفَضَّ**	**يَرْفَضُّ**	يَرْفَضَّ	يَرْفَضَّ	
هي	اِرْفَضَّتْ	تَرْفَضُّ	تَرْفَضَّ	تَرْفَضَّ	
هما	اِرْفَضَّا	يَرْفَضَّانِ	يَرْفَضَّا	يَرْفَضَّا	
هما	اِرْفَضَّتَا	تَرْفَضَّانِ	تَرْفَضَّا	تَرْفَضَّا	
هم	اِرْفَضُّوا	يَرْفَضُّونَ	يَرْفَضُّوا	يَرْفَضُّوا	
هنّ	اِرْفَضَضْنَ	يَرْفَضِضْنَ	يَرْفَضِضْنَ	يَرْفَضِضْنَ	

91	الماضي	المُضارِع المرفُوع	المُضارِع المنصُوب	المُضارِع المجزُوم	الأمْر
أنا	اِرْقَدَدْتُ	أَرْقَدُّ	أَرْقَدَّ	أَرْقَدَّ	
نحن	اِرْقَدَدْنَا	نَرْقَدُّ	نَرْقَدَّ	نَرْقَدَّ	
أنتَ	اِرْقَدَدْتَ	تَرْقَدُّ	تَرْقَدَّ	تَرْقَدَّ	اِرْقَدَّ
أنتِ	اِرْقَدَدْتِ	تَرْقَدِّينَ	تَرْقَدِّي	تَرْقَدِّي	اِرْقَدِّي
أنتما	اِرْقَدَدْتُمَا	تَرْقَدَّانِ	تَرْقَدَّا	تَرْقَدَّا	اِرْقَدَّا
أنتم	اِرْقَدَدْتُمْ	تَرْقَدُّونَ	تَرْقَدُّوا	تَرْقَدُّوا	اِرْقَدُّوا
أنتنّ	اِرْقَدَدْتُنَّ	تَرْقَدِدْنَ	تَرْقَدِدْنَ	تَرْقَدِدْنَ	اِرْقَدِدْنَ
هو	**اِرْقَدَّ**	**يَرْقَدُّ**	يَرْقَدَّ	يَرْقَدَّ	
هي	اِرْقَدَّتْ	تَرْقَدُّ	تَرْقَدَّ	تَرْقَدَّ	
هما	اِرْقَدَّا	يَرْقَدَّانِ	يَرْقَدَّا	يَرْقَدَّا	
هما	اِرْقَدَّتَا	تَرْقَدَّانِ	تَرْقَدَّا	تَرْقَدَّا	
هم	اِرْقَدُّوا	يَرْقَدُّونَ	يَرْقَدُّوا	يَرْقَدُّوا	
هنّ	اِرْقَدَدْنَ	يَرْقَدِدْنَ	يَرْقَدِدْنَ	يَرْقَدِدْنَ	

92	الماضي	المُضارِع المرفُوع	المُضارِع المنصُوب	المُضارِع المجزُوم	الأمْر
أنا	اِزْوَرَرْتُ	أَزْوَرُّ	أَزْوَرَّ	أَزْوَرَّ	
نحن	اِزْوَرَرْنَا	نَزْوَرُّ	نَزْوَرَّ	نَزْوَرَّ	
أنتَ	اِزْوَرَرْتَ	تَزْوَرُّ	تَزْوَرَّ	تَزْوَرَّ	اِزْوَرَّ
أنتِ	اِزْوَرَرْتِ	تَزْوَرِّينَ	تَزْوَرِّي	تَزْوَرِّي	اِزْوَرِّي
أنتما	اِزْوَرَرْتُمَا	تَزْوَرَّانِ	تَزْوَرَّا	تَزْوَرَّا	اِزْوَرَّا
أنتم	اِزْوَرَرْتُمْ	تَزْوَرُّونَ	تَزْوَرُّوا	تَزْوَرُّوا	اِزْوَرُّوا
أنتنّ	اِزْوَرَرْتُنَّ	تَزْوَرِرْنَ	تَزْوَرِرْنَ	تَزْوَرِرْنَ	اِزْوَرِرْنَ
هو	**اِزْوَرَّ**	**يَزْوَرُّ**	يَزْوَرَّ	يَزْوَرَّ	
هي	اِزْوَرَّتْ	تَزْوَرُّ	تَزْوَرَّ	تَزْوَرَّ	
هما	اِزْوَرَّا	يَزْوَرَّانِ	يَزْوَرَّا	يَزْوَرَّا	
هما	اِزْوَرَّتَا	تَزْوَرَّانِ	تَزْوَرَّا	تَزْوَرَّا	
هم	اِزْوَرُّوا	يَزْوَرُّونَ	يَزْوَرُّوا	يَزْوَرُّوا	
هنّ	اِزْوَرَرْنَ	يَزْوَرِرْنَ	يَزْوَرِرْنَ	يَزْوَرِرْنَ	

Tome 4 Médine Conjugaison *La maîtrises-tu ?* C O R R E C T I O N

93	المَاضِي	المُضَارِعُ المَرْفُوعُ	المُضَارِعُ المَنْصُوبُ	المُضَارِعُ المَجْزُومُ	الأَمْرُ
أنا	اِسْمَرَرْتُ	أَسْمَرُّ	أَسْمَرَّ	أَسْمَرَّ	
نحن	اِسْمَرَرْنَا	نَسْمَرُّ	نَسْمَرَّ	نَسْمَرَّ	
أنتَ	اِسْمَرَرْتَ	تَسْمَرُّ	تَسْمَرَّ	تَسْمَرَّ	اِسْمَرَّ
أنتِ	اِسْمَرَرْتِ	تَسْمَرِّينَ	تَسْمَرِّي	تَسْمَرِّي	اِسْمَرِّي
أنتما	اِسْمَرَرْتُمَا	تَسْمَرَّانِ	تَسْمَرَّا	تَسْمَرَّا	اِسْمَرَّا
أنتم	اِسْمَرَرْتُمْ	تَسْمَرُّونَ	تَسْمَرُّوا	تَسْمَرُّوا	اِسْمَرُّوا
أنتنّ	اِسْمَرَرْتُنَّ	تَسْمَرِرْنَ	تَسْمَرِرْنَ	تَسْمَرِرْنَ	اِسْمَرِرْنَ
هو	**اِسْمَرَّ**	**يَسْمَرُّ**	يَسْمَرَّ	يَسْمَرَّ	
هي	اِسْمَرَّتْ	تَسْمَرُّ	تَسْمَرَّ	تَسْمَرَّ	
هما	اِسْمَرَّا	يَسْمَرَّانِ	يَسْمَرَّا	يَسْمَرَّا	
هما	اِسْمَرَّتَا	تَسْمَرَّانِ	تَسْمَرَّا	تَسْمَرَّا	
هم	اِسْمَرُّوا	يَسْمَرُّونَ	يَسْمَرُّوا	يَسْمَرُّوا	
هنّ	اِسْمَرَرْنَ	يَسْمَرِرْنَ	يَسْمَرِرْنَ	يَسْمَرِرْنَ	

94	المَاضِي	المُضَارِعُ المَرْفُوعُ	المُضَارِعُ المَنْصُوبُ	المُضَارِعُ المَجْزُومُ	الأَمْرُ
أنا	اِدْهَانَنْتُ	أَدْهَانُّ	أَدْهَانَّ	أَدْهَانَّ	
نحن	اِدْهَانَنَّا	نَدْهَانُّ	نَدْهَانَّ	نَدْهَانَّ	
أنتَ	اِدْهَانَنْتَ	تَدْهَانُّ	تَدْهَانَّ	تَدْهَانَّ	اِدْهَانَّ
أنتِ	اِدْهَانَنْتِ	تَدْهَانِّينَ	تَدْهَانِّي	تَدْهَانِّي	اِدْهَانِّي
أنتما	اِدْهَانَنْتُمَا	تَدْهَانَّانِ	تَدْهَانَّا	تَدْهَانَّا	اِدْهَانَّا
أنتم	اِدْهَانَنْتُمْ	تَدْهَانُّونَ	تَدْهَانُّوا	تَدْهَانُّوا	اِدْهَانُّوا
أنتنّ	اِدْهَانَنْتُنَّ	تَدْهَانِنَّ	تَدْهَانِنَّ	تَدْهَانِنَّ	اِدْهَانِنَّ
هو	**اِدْهَانَّ**	**يَدْهَانُّ**	يَدْهَانَّ	يَدْهَانَّ	
هي	اِدْهَانَّتْ	تَدْهَانُّ	تَدْهَانَّ	تَدْهَانَّ	
هما	اِدْهَانَّا	يَدْهَانَّانِ	يَدْهَانَّا	يَدْهَانَّا	
هما	اِدْهَانَّتَا	تَدْهَانَّانِ	تَدْهَانَّا	تَدْهَانَّا	
هم	اِدْهَانُّوا	يَدْهَانُّونَ	يَدْهَانُّوا	يَدْهَانُّوا	
هنّ	اِدْهَانَنَّ	يَدْهَانِنَّ	يَدْهَانِنَّ	يَدْهَانِنَّ	

الأَمْر	المُضارع المَجْزوم	المُضارع المَنْصوب	المُضارع المَرْفوع	الماضي	95
	أَرْغَابَّ	أَرْغَابَّ	أَرْغَابُّ	اِرْغَابَبْتُ	أنا
	نَرْغَابَّ	نَرْغَابَّ	نَرْغَابُّ	اِرْغَابَبْنَا	نحن
اِرْغَابَّ	تَرْغَابَّ	تَرْغَابَّ	تَرْغَابُّ	اِرْغَابَبْتَ	أنتَ
اِرْغَابِّي	تَرْغَابِّي	تَرْغَابِّي	تَرْغَابِّينَ	اِرْغَابَبْتِ	أنتِ
اِرْغَابَّا	تَرْغَابَّا	تَرْغَابَّا	تَرْغَابَّانِ	اِرْغَابَبْتُمَا	أنتما
اِرْغَابُّوا	تَرْغَابُّوا	تَرْغَابُّوا	تَرْغَابُّونَ	اِرْغَابَبْتُمْ	أنتم
اِرْغَابِبْنَ	تَرْغَابِبْنَ	تَرْغَابِبْنَ	تَرْغَابِبْنَ	اِرْغَابَبْتُنَّ	أنتن
	يَرْغَابَّ	يَرْغَابَّ	**يَرْغَابُّ**	**اِرْغَابَّ**	هو
	تَرْغَابَّ	تَرْغَابَّ	تَرْغَابُّ	اِرْغَابَّتْ	هي
	يَرْغَابَّا	يَرْغَابَّا	يَرْغَابَّانِ	اِرْغَابَّا	هما
	تَرْغَابَّا	تَرْغَابَّا	تَرْغَابَّانِ	اِرْغَابَّتَا	هما
	يَرْغَابُّوا	يَرْغَابُّوا	يَرْغَابُّونَ	اِرْغَابُّوا	هم
	يَرْغَابِبْنَ	يَرْغَابِبْنَ	يَرْغَابِبْنَ	اِرْغَابَبْنَ	هن

الأَمْر	المُضارع المَجْزوم	المُضارع المَنْصوب	المُضارع المَرْفوع	الماضي	96
	أَزْوَارَّ	أَزْوَارَّ	أَزْوَارُّ	اِزْوَارَرْتُ	أنا
	نَزْوَارَّ	نَزْوَارَّ	نَزْوَارُّ	اِزْوَارَرْنَا	نحن
اِزْوَارَّ	تَزْوَارَّ	تَزْوَارَّ	تَزْوَارُّ	اِزْوَارَرْتَ	أنتَ
اِزْوَارِّي	تَزْوَارِّي	تَزْوَارِّي	تَزْوَارِّينَ	اِزْوَارَرْتِ	أنتِ
اِزْوَارَّا	تَزْوَارَّا	تَزْوَارَّا	تَزْوَارَّانِ	اِزْوَارَرْتُمَا	أنتما
اِزْوَارُّوا	تَزْوَارُّوا	تَزْوَارُّوا	تَزْوَارُّونَ	اِزْوَارَرْتُمْ	أنتم
اِزْوَارِرْنَ	تَزْوَارِرْنَ	تَزْوَارِرْنَ	تَزْوَارِرْنَ	اِزْوَارَرْتُنَّ	أنتن
	يَزْوَارَّ	يَزْوَارَّ	**يَزْوَارُّ**	**اِزْوَارَّ**	هو
	تَزْوَارَّ	تَزْوَارَّ	تَزْوَارُّ	اِزْوَارَّتْ	هي
	يَزْوَارَّا	يَزْوَارَّا	يَزْوَارَّانِ	اِزْوَارَّا	هما
	تَزْوَارَّا	تَزْوَارَّا	تَزْوَارَّانِ	اِزْوَارَّتَا	هما
	يَزْوَارُّوا	يَزْوَارُّوا	يَزْوَارُّونَ	اِزْوَارُّوا	هم
	يَزْوَارِرْنَ	يَزْوَارِرْنَ		اِزْوَارَرْنَ	هن

Tome 4 Médine Conjugaison — La maîtrises-tu ? — CORRECTION

97

الأمر	المضارع المجزوم	المضارع المنصوب	المضارع المرفوع	الماضي	
	أَسْمَارَّ	أَسْمَارَّ	أَسْمَارُّ	اِسْمَارَرْتُ	أنا
	نَسْمَارَّ	نَسْمَارَّ	نَسْمَارُّ	اِسْمَارَرْنَا	نحن
اِسْمَارَّ	تَسْمَارَّ	تَسْمَارَّ	تَسْمَارُّ	اِسْمَارَرْتَ	أنتَ
اِسْمَارِّي	تَسْمَارِّي	تَسْمَارِّي	تَسْمَارِّينَ	اِسْمَارَرْتِ	أنتِ
اِسْمَارَّا	تَسْمَارَّا	تَسْمَارَّا	تَسْمَارَّانِ	اِسْمَارَرْتُمَا	أنتما
اِسْمَارُّوا	تَسْمَارُّوا	تَسْمَارُّوا	تَسْمَارُّونَ	اِسْمَارَرْتُمْ	أنتم
اِسْمَارِرْنَ	تَسْمَارِرْنَ	تَسْمَارِرْنَ	تَسْمَارِرْنَ	اِسْمَارَرْتُنَّ	أنتنَّ
	يَسْمَارَّ	يَسْمَارَّ	**يَسْمَارُّ**	**اِسْمَارَّ**	هو
	تَسْمَارَّ	تَسْمَارَّ	تَسْمَارُّ	اِسْمَارَّتْ	هي
	يَسْمَارَّا	يَسْمَارَّا	يَسْمَارَّانِ	اِسْمَارَّا	هما
	تَسْمَارَّا	تَسْمَارَّا	تَسْمَارَّانِ	اِسْمَارَّتَا	هما
	يَسْمَارُّوا	يَسْمَارُّوا	يَسْمَارُّونَ	اِسْمَارُّوا	هم
	يَسْمَارِرْنَ	يَسْمَارِرْنَ	يَسْمَارِرْنَ	اِسْمَارَرْنَ	هنَّ

98

الأمر	المضارع المجزوم	المضارع المنصوب	المضارع المرفوع	الماضي	
	أَسْتَخْرِجْ	أَسْتَخْرِجَ	أَسْتَخْرِجُ	اِسْتَخْرَجْتُ	أنا
	نَسْتَخْرِجْ	نَسْتَخْرِجَ	نَسْتَخْرِجُ	اِسْتَخْرَجْنَا	نحن
اِسْتَخْرِجْ	تَسْتَخْرِجْ	تَسْتَخْرِجَ	تَسْتَخْرِجُ	اِسْتَخْرَجْتَ	أنتَ
اِسْتَخْرِجِي	تَسْتَخْرِجِي	تَسْتَخْرِجِي	تَسْتَخْرِجِينَ	اِسْتَخْرَجْتِ	أنتِ
اِسْتَخْرِجَا	تَسْتَخْرِجَا	تَسْتَخْرِجَا	تَسْتَخْرِجَانِ	اِسْتَخْرَجْتُمَا	أنتما
اِسْتَخْرِجُوا	تَسْتَخْرِجُوا	تَسْتَخْرِجُوا	تَسْتَخْرِجُونَ	اِسْتَخْرَجْتُمْ	أنتم
اِسْتَخْرِجْنَ	تَسْتَخْرِجْنَ	تَسْتَخْرِجْنَ	تَسْتَخْرِجْنَ	اِسْتَخْرَجْتُنَّ	أنتنَّ
	يَسْتَخْرِجْ	يَسْتَخْرِجَ	**يَسْتَخْرِجُ**	**اِسْتَخْرَجَ**	هو
	تَسْتَخْرِجْ	تَسْتَخْرِجَ	تَسْتَخْرِجُ	اِسْتَخْرَجَتْ	هي
	يَسْتَخْرِجَا	يَسْتَخْرِجَا	يَسْتَخْرِجَانِ	اِسْتَخْرَجَا	هما
	تَسْتَخْرِجَا	تَسْتَخْرِجَا	تَسْتَخْرِجَانِ	اِسْتَخْرَجَتَا	هما
	يَسْتَخْرِجُوا	يَسْتَخْرِجُوا	يَسْتَخْرِجُونَ	اِسْتَخْرَجُوا	هم
	يَسْتَخْرِجْنَ	يَسْتَخْرِجْنَ	يَسْتَخْرِجْنَ	اِسْتَخْرَجْنَ	هنَّ

99

الأمر	المُضارع المجزوم	المُضارع المنصوب	المُضارع المرفوع	الماضي	
	أَسْتَغْفِرْ	أَسْتَغْفِرَ	أَسْتَغْفِرُ	اِسْتَغْفَرْتُ	أنا
	نَسْتَغْفِرْ	نَسْتَغْفِرَ	نَسْتَغْفِرُ	اِسْتَغْفَرْنَا	نحن
اِسْتَغْفِرْ	تَسْتَغْفِرْ	تَسْتَغْفِرَ	تَسْتَغْفِرُ	اِسْتَغْفَرْتَ	أنتَ
اِسْتَغْفِرِي	تَسْتَغْفِرِي	تَسْتَغْفِرِي	تَسْتَغْفِرِينَ	اِسْتَغْفَرْتِ	أنتِ
اِسْتَغْفِرَا	تَسْتَغْفِرَا	تَسْتَغْفِرَا	تَسْتَغْفِرَانِ	اِسْتَغْفَرْتُمَا	أنتما
اِسْتَغْفِرُوا	تَسْتَغْفِرُوا	تَسْتَغْفِرُوا	تَسْتَغْفِرُونَ	اِسْتَغْفَرْتُمْ	أنتم
اِسْتَغْفِرْنَ	تَسْتَغْفِرْنَ	تَسْتَغْفِرْنَ	تَسْتَغْفِرْنَ	اِسْتَغْفَرْتُنَّ	أنتن
	يَسْتَغْفِرْ	يَسْتَغْفِرَ	**يَسْتَغْفِرُ**	**اِسْتَغْفَرَ**	هو
	تَسْتَغْفِرْ	تَسْتَغْفِرَ	تَسْتَغْفِرُ	اِسْتَغْفَرَتْ	هي
	يَسْتَغْفِرَا	يَسْتَغْفِرَا	يَسْتَغْفِرَانِ	اِسْتَغْفَرَا	هما
	تَسْتَغْفِرَا	تَسْتَغْفِرَا	تَسْتَغْفِرَانِ	اِسْتَغْفَرَتَا	هما
	يَسْتَغْفِرُوا	يَسْتَغْفِرُوا	يَسْتَغْفِرُونَ	اِسْتَغْفَرُوا	هم
	يَسْتَغْفِرْنَ	يَسْتَغْفِرْنَ	يَسْتَغْفِرْنَ	اِسْتَغْفَرْنَ	هن

100

الأمر	المُضارع المجزوم	المُضارع المنصوب	المُضارع المرفوع	الماضي	
	أَسْتَيْقِظْ	أَسْتَيْقِظَ	أَسْتَيْقِظُ	اِسْتَيْقَظْتُ	أنا
	نَسْتَيْقِظْ	نَسْتَيْقِظَ	نَسْتَيْقِظُ	اِسْتَيْقَظْنَا	نحن
اِسْتَيْقِظْ	تَسْتَيْقِظْ	تَسْتَيْقِظَ	تَسْتَيْقِظُ	اِسْتَيْقَظْتَ	أنتَ
اِسْتَيْقِظِي	تَسْتَيْقِظِي	تَسْتَيْقِظِي	تَسْتَيْقِظِينَ	اِسْتَيْقَظْتِ	أنتِ
اِسْتَيْقِظَا	تَسْتَيْقِظَا	تَسْتَيْقِظَا	تَسْتَيْقِظَانِ	اِسْتَيْقَظْتُمَا	أنتما
اِسْتَيْقِظُوا	تَسْتَيْقِظُوا	تَسْتَيْقِظُوا	تَسْتَيْقِظُونَ	اِسْتَيْقَظْتُمْ	أنتم
اِسْتَيْقِظْنَ	تَسْتَيْقِظْنَ	تَسْتَيْقِظْنَ	تَسْتَيْقِظْنَ	اِسْتَيْقَظْتُنَّ	أنتن
	يَسْتَيْقِظْ	يَسْتَيْقِظَ	**يَسْتَيْقِظُ**	**اِسْتَيْقَظَ**	هو
	تَسْتَيْقِظْ	تَسْتَيْقِظَ	تَسْتَيْقِظُ	اِسْتَيْقَظَتْ	هي
	يَسْتَيْقِظَا	يَسْتَيْقِظَا	يَسْتَيْقِظَانِ	اِسْتَيْقَظَا	هما
	تَسْتَيْقِظَا	تَسْتَيْقِظَا	تَسْتَيْقِظَانِ	اِسْتَيْقَظَتَا	هما
	يَسْتَيْقِظُوا	يَسْتَيْقِظُوا	يَسْتَيْقِظُونَ	اِسْتَيْقَظُوا	هم
	يَسْتَيْقِظْنَ	يَسْتَيْقِظْنَ	يَسْتَيْقِظْنَ	اِسْتَيْقَظْنَ	هن

Tome 4 Médine Conjugaison   La maîtrises-tu ?   C O R R E C T I O N

الأَمْر	المُضارع المَجزوم	المُضارع المَنصوب	المُضارع المَرفوع	الماضي	101
	أَسْتَوْصِفْ	أَسْتَوْصِفَ	أَسْتَوْصِفُ	اِسْتَوْصَفْتُ	أنا
	نَسْتَوْصِفْ	نَسْتَوْصِفَ	نَسْتَوْصِفُ	اِسْتَوْصَفْنَا	نحن
اِسْتَوْصِفْ	تَسْتَوْصِفْ	تَسْتَوْصِفَ	تَسْتَوْصِفُ	اِسْتَوْصَفْتَ	أنتَ
اِسْتَوْصِفِي	تَسْتَوْصِفِي	تَسْتَوْصِفِي	تَسْتَوْصِفِينَ	اِسْتَوْصَفْتِ	أنتِ
اِسْتَوْصِفَا	تَسْتَوْصِفَا	تَسْتَوْصِفَا	تَسْتَوْصِفَانِ	اِسْتَوْصَفْتُمَا	أنتما
اِسْتَوْصِفُوا	تَسْتَوْصِفُوا	تَسْتَوْصِفُوا	تَسْتَوْصِفُونَ	اِسْتَوْصَفْتُمْ	أنتم
اِسْتَوْصِفْنَ	تَسْتَوْصِفْنَ	تَسْتَوْصِفْنَ	تَسْتَوْصِفْنَ	اِسْتَوْصَفْتُنَّ	أنتنّ
	يَسْتَوْصِفْ	يَسْتَوْصِفَ	**يَسْتَوْصِفُ**	**اِسْتَوْصَفَ**	هو
	تَسْتَوْصِفْ	تَسْتَوْصِفَ	تَسْتَوْصِفُ	اِسْتَوْصَفَتْ	هي
	يَسْتَوْصِفَا	يَسْتَوْصِفَا	يَسْتَوْصِفَانِ	اِسْتَوْصَفَا	هما
	تَسْتَوْصِفَا	تَسْتَوْصِفَا	تَسْتَوْصِفَانِ	اِسْتَوْصَفَتَا	هما
	يَسْتَوْصِفُوا	يَسْتَوْصِفُوا	يَسْتَوْصِفُونَ	اِسْتَوْصَفُوا	هم
	يَسْتَوْصِفْنَ	يَسْتَوْصِفْنَ	يَسْتَوْصِفْنَ	اِسْتَوْصَفْنَ	هنّ

الأَمْر	المُضارع المَجزوم	المُضارع المَنصوب	المُضارع المَرفوع	الماضي	102
	أَسْتَحِمَّ	أَسْتَحِمَّ	أَسْتَحِمُّ	اِسْتَحْمَمْتُ	أنا
	نَسْتَحِمَّ	نَسْتَحِمَّ	نَسْتَحِمُّ	اِسْتَحْمَمْنَا	نحن
اِسْتَحِمَّ	تَسْتَحِمَّ	تَسْتَحِمَّ	تَسْتَحِمُّ	اِسْتَحْمَمْتَ	أنتَ
اِسْتَحِمِّي	تَسْتَحِمِّي	تَسْتَحِمِّي	تَسْتَحِمِّينَ	اِسْتَحْمَمْتِ	أنتِ
اِسْتَحِمَّا	تَسْتَحِمَّا	تَسْتَحِمَّا	تَسْتَحِمَّانِ	اِسْتَحْمَمْتُمَا	أنتما
اِسْتَحِمُّوا	تَسْتَحِمُّوا	تَسْتَحِمُّوا	تَسْتَحِمُّونَ	اِسْتَحْمَمْتُمْ	أنتم
اِسْتَحْمِمْنَ	تَسْتَحْمِمْنَ	تَسْتَحْمِمْنَ	تَسْتَحْمِمْنَ	اِسْتَحْمَمْتُنَّ	أنتنّ
	يَسْتَحِمَّ	يَسْتَحِمَّ	**يَسْتَحِمُّ**	**اِسْتَحَمَّ**	هو
	تَسْتَحِمَّ	تَسْتَحِمَّ	تَسْتَحِمُّ	اِسْتَحَمَّتْ	هي
	يَسْتَحِمَّا	يَسْتَحِمَّا	يَسْتَحِمَّانِ	اِسْتَحَمَّا	هما
	تَسْتَحِمَّا	تَسْتَحِمَّا	تَسْتَحِمَّانِ	اِسْتَحَمَّتَا	هما
	يَسْتَحِمُّوا	يَسْتَحِمُّوا	يَسْتَحِمُّونَ	اِسْتَحَمُّوا	هم
	يَسْتَحْمِمْنَ	يَسْتَحْمِمْنَ	يَسْتَحْمِمْنَ	اِسْتَحْمَمْنَ	هنّ

الأمْر	المُضارع المَجْزوم	المُضارع المَنْصوب	المُضارع المَرْفوع	الماضي	103
	أَسْتَحِبَّ	أَسْتَحِبَّ	أَسْتَحِبُّ	اِسْتَحْبَبْتُ	أنا
	نَسْتَحِبَّ	نَسْتَحِبَّ	نَسْتَحِبُّ	اِسْتَحْبَبْنَا	نحن
اِسْتَحِبَّ	تَسْتَحِبَّ	تَسْتَحِبَّ	تَسْتَحِبُّ	اِسْتَحْبَبْتَ	أنتَ
اِسْتَحِبِّي	تَسْتَحِبِّي	تَسْتَحِبِّي	تَسْتَحِبِّينَ	اِسْتَحْبَبْتِ	أنتِ
اِسْتَحِبَّا	تَسْتَحِبَّا	تَسْتَحِبَّا	تَسْتَحِبَّانِ	اِسْتَحْبَبْتُمَا	أنتما
اِسْتَحِبُّوا	تَسْتَحِبُّوا	تَسْتَحِبُّوا	تَسْتَحِبُّونَ	اِسْتَحْبَبْتُمْ	أنتم
اِسْتَحْبِبْنَ	تَسْتَحْبِبْنَ	تَسْتَحْبِبْنَ	تَسْتَحْبِبْنَ	اِسْتَحْبَبْتُنَّ	أنتن
	يَسْتَحِبَّ	يَسْتَحِبَّ	**يَسْتَحِبُّ**	**اِسْتَحَبَّ**	هو
	تَسْتَحِبَّ	تَسْتَحِبَّ	تَسْتَحِبُّ	اِسْتَحَبَّتْ	هي
	يَسْتَحِبَّا	يَسْتَحِبَّا	يَسْتَحِبَّانِ	اِسْتَحَبَّا	هما
	تَسْتَحِبَّا	تَسْتَحِبَّا	تَسْتَحِبَّانِ	اِسْتَحَبَّتَا	هما
	يَسْتَحِبُّوا	يَسْتَحِبُّوا	يَسْتَحِبُّونَ	اِسْتَحَبُّوا	هم
	يَسْتَحْبِبْنَ	يَسْتَحْبِبْنَ	يَسْتَحْبِبْنَ	اِسْتَحْبَبْنَ	هن

الأمْر	المُضارع المَجْزوم	المُضارع المَنْصوب	المُضارع المَرْفوع	الماضي	104
	أَسْتَعِنْ	أَسْتَعِينَ	أَسْتَعِينُ	اِسْتَعَنْتُ	أنا
	نَسْتَعِنْ	نَسْتَعِينَ	نَسْتَعِينُ	اِسْتَعَنَّا	نحن
اِسْتَعِنْ	تَسْتَعِنْ	تَسْتَعِينَ	تَسْتَعِينُ	اِسْتَعَنْتَ	أنتَ
اِسْتَعِينِي	تَسْتَعِينِي	تَسْتَعِينِي	تَسْتَعِينِينَ	اِسْتَعَنْتِ	أنتِ
اِسْتَعِينَا	تَسْتَعِينَا	تَسْتَعِينَا	تَسْتَعِينَانِ	اِسْتَعَنْتُمَا	أنتما
اِسْتَعِينُوا	تَسْتَعِينُوا	تَسْتَعِينُوا	تَسْتَعِينُونَ	اِسْتَعَنْتُمْ	أنتم
اِسْتَعِنَّ	تَسْتَعِنَّ	تَسْتَعِنَّ	تَسْتَعِنَّ	اِسْتَعَنْتُنَّ	أنتن
	يَسْتَعِنْ	يَسْتَعِينَ	**يَسْتَعِينُ**	**اِسْتَعَانَ**	هو
	تَسْتَعِنْ	تَسْتَعِينَ	تَسْتَعِينُ	اِسْتَعَانَتْ	هي
	يَسْتَعِينَا	يَسْتَعِينَا	يَسْتَعِينَانِ	اِسْتَعَانَا	هما
	تَسْتَعِينَا	تَسْتَعِينَا	تَسْتَعِينَانِ	اِسْتَعَانَتَا	هما
	يَسْتَعِينُوا	يَسْتَعِينُوا	يَسْتَعِينُونَ	اِسْتَعَانُوا	هم
	يَسْتَعِنَّ	يَسْتَعِنَّ	يَسْتَعِنَّ	اِسْتَعَنَّ	هن

الأمْرُ	المُضارِعُ المَجْزُومُ	المُضارِعُ المَنْصُوبُ	المُضارِعُ المَرْفُوعُ	الماضي	105
	أَسْتَرِحْ	أَسْتَرِيحَ	أَسْتَرِيحُ	إِسْتَرَحْتُ	أنا
	نَسْتَرِحْ	نَسْتَرِيحَ	نَسْتَرِيحُ	إِسْتَرَحْنَا	نحن
إِسْتَرِحْ	تَسْتَرِحْ	تَسْتَرِيحَ	تَسْتَرِيحُ	إِسْتَرَحْتَ	أنتَ
إِسْتَرِيحِي	تَسْتَرِيحِي	تَسْتَرِيحِي	تَسْتَرِيحِينَ	إِسْتَرَحْتِ	أنتِ
إِسْتَرِيحَا	تَسْتَرِيحَا	تَسْتَرِيحَا	تَسْتَرِيحَانِ	إِسْتَرَحْتُمَا	أنتما
إِسْتَرِيحُوا	تَسْتَرِيحُوا	تَسْتَرِيحُوا	تَسْتَرِيحُونَ	إِسْتَرَحْتُمْ	أنتم
إِسْتَرِحْنَ	تَسْتَرِحْنَ	تَسْتَرِحْنَ	تَسْتَرِحْنَ	إِسْتَرَحْتُنَّ	أنتنّ
	يَسْتَرِحْ	يَسْتَرِيحَ	**يَسْتَرِيحُ**	**إِسْتَرَاحَ**	هو
	تَسْتَرِحْ	تَسْتَرِيحَ	تَسْتَرِيحُ	إِسْتَرَاحَتْ	هي
	يَسْتَرِيحَا	يَسْتَرِيحَا	يَسْتَرِيحَانِ	إِسْتَرَاحَا	هما
	تَسْتَرِيحَا	تَسْتَرِيحَا	تَسْتَرِيحَانِ	إِسْتَرَاحَتَا	هما
	يَسْتَرِيحُوا	يَسْتَرِيحُوا	يَسْتَرِيحُونَ	إِسْتَرَاحُوا	هم
	يَسْتَرِحْنَ	يَسْتَرِحْنَ	يَسْتَرِحْنَ	إِسْتَرَحْنَ	هنّ

الأمْرُ	المُضارِعُ المَجْزُومُ	المُضارِعُ المَنْصُوبُ	المُضارِعُ المَرْفُوعُ	الماضي	106
	أَسْتَكْسِ	أَسْتَكْسِيَ	أَسْتَكْسِي	إِسْتَكْسَيْتُ	أنا
	نَسْتَكْسِ	نَسْتَكْسِيَ	نَسْتَكْسِي	إِسْتَكْسَيْنَا	نحن
إِسْتَكْسِ	تَسْتَكْسِ	تَسْتَكْسِيَ	تَسْتَكْسِي	إِسْتَكْسَيْتَ	أنتَ
إِسْتَكْسِي	تَسْتَكْسِي	تَسْتَكْسِي	تَسْتَكْسِينَ	إِسْتَكْسَيْتِ	أنتِ
إِسْتَكْسِيَا	تَسْتَكْسِيَا	تَسْتَكْسِيَا	تَسْتَكْسِيَانِ	إِسْتَكْسَيْتُمَا	أنتما
إِسْتَكْسُوا	تَسْتَكْسُوا	تَسْتَكْسُوا	تَسْتَكْسُونَ	إِسْتَكْسَيْتُمْ	أنتم
إِسْتَكْسِينَ	تَسْتَكْسِينَ	تَسْتَكْسِينَ	تَسْتَكْسِينَ	إِسْتَكْسَيْتُنَّ	أنتنّ
	يَسْتَكْسِ	يَسْتَكْسِيَ	**يَسْتَكْسِي**	**إِسْتَكْسَى**	هو
	تَسْتَكْسِ	تَسْتَكْسِيَ	تَسْتَكْسِي	إِسْتَكْسَتْ	هي
	يَسْتَكْسِيَا	يَسْتَكْسِيَا	يَسْتَكْسِيَانِ	إِسْتَكْسَيَا	هما
	تَسْتَكْسِيَا	تَسْتَكْسِيَا	تَسْتَكْسِيَانِ	إِسْتَكْسَتَا	هما
	يَسْتَكْسُوا	يَسْتَكْسُوا	يَسْتَكْسُونَ	إِسْتَكْسَوْا	هم
	يَسْتَكْسِينَ	يَسْتَكْسِينَ	يَسْتَكْسِينَ	إِسْتَكْسَيْنَ	هنّ

107	الماضي	المُضارِع المَرْفُوع	المُضارِع المَنْصُوب	المُضارِع المَجْزُوم	الأَمْر
أنا	إِسْتَغْنَيْتُ	أَسْتَغْنِي	أَسْتَغْنِيَ	أَسْتَغْنِ	
نحن	إِسْتَغْنَيْنَا	نَسْتَغْنِي	نَسْتَغْنِيَ	نَسْتَغْنِ	
أنتَ	إِسْتَغْنَيْتَ	تَسْتَغْنِي	تَسْتَغْنِيَ	تَسْتَغْنِ	إِسْتَغْنِ
أنتِ	إِسْتَغْنَيْتِ	تَسْتَغْنِينَ	تَسْتَغْنِي	تَسْتَغْنِي	إِسْتَغْنِي
أنتما	إِسْتَغْنَيْتُمَا	تَسْتَغْنِيَانِ	تَسْتَغْنِيَا	تَسْتَغْنِيَا	إِسْتَغْنِيَا
أنتم	إِسْتَغْنَيْتُمْ	تَسْتَغْنُونَ	تَسْتَغْنُوا	تَسْتَغْنُوا	إِسْتَغْنُوا
أنتنّ	إِسْتَغْنَيْتُنَّ	تَسْتَغْنِينَ	تَسْتَغْنِينَ	تَسْتَغْنِينَ	إِسْتَغْنِينَ
هو	**إِسْتَغْنَى**	**يَسْتَغْنِي**	يَسْتَغْنِيَ	يَسْتَغْنِ	
هي	إِسْتَغْنَتْ	تَسْتَغْنِي	تَسْتَغْنِيَ	تَسْتَغْنِ	
هما	إِسْتَغْنَيَا	يَسْتَغْنِيَانِ	يَسْتَغْنِيَا	يَسْتَغْنِيَا	
هما	إِسْتَغْنَتَا	تَسْتَغْنِيَانِ	تَسْتَغْنِيَا	تَسْتَغْنِيَا	
هم	إِسْتَغْنَوْا	يَسْتَغْنُونَ	يَسْتَغْنُوا	يَسْتَغْنُوا	
هنّ	إِسْتَغْنَيْنَ	يَسْتَغْنِينَ	يَسْتَغْنِينَ	يَسْتَغْنِينَ	

108	الماضي	المُضارِع المَرْفُوع	المُضارِع المَنْصُوب	المُضارِع المَجْزُوم	الأَمْر
أنا	إِسْتَوْمَيْتُ	أَسْتَوْمِي	أَسْتَوْمِيَ	أَسْتَوْمِ	
نحن	إِسْتَوْمَيْنَا	نَسْتَوْمِي	نَسْتَوْمِيَ	نَسْتَوْمِ	
أنتَ	إِسْتَوْمَيْتَ	تَسْتَوْمِي	تَسْتَوْمِيَ	تَسْتَوْمِ	إِسْتَوْمِ
أنتِ	إِسْتَوْمَيْتِ	تَسْتَوْمِينَ	تَسْتَوْمِي	تَسْتَوْمِي	إِسْتَوْمِي
أنتما	إِسْتَوْمَيْتُمَا	تَسْتَوْمِيَانِ	تَسْتَوْمِيَا	تَسْتَوْمِيَا	إِسْتَوْمِيَا
أنتم	إِسْتَوْمَيْتُمْ	تَسْتَوْمُونَ	تَسْتَوْمُوا	تَسْتَوْمُوا	إِسْتَوْمُوا
أنتنّ	إِسْتَوْمَيْتُنَّ	تَسْتَوْمِينَ	تَسْتَوْمِينَ	تَسْتَوْمِينَ	إِسْتَوْمِينَ
هو	**إِسْتَوْمَى**	**يَسْتَوْمِي**	يَسْتَوْمِيَ	يَسْتَوْمِ	
هي	إِسْتَوْمَتْ	تَسْتَوْمِي	تَسْتَوْمِيَ	تَسْتَوْمِ	
هما	إِسْتَوْمَيَا	يَسْتَوْمِيَانِ	يَسْتَوْمِيَا	يَسْتَوْمِيَا	
هما	إِسْتَوْمَتَا	تَسْتَوْمِيَانِ	تَسْتَوْمِيَا	تَسْتَوْمِيَا	
هم	إِسْتَوْمَوْا	يَسْتَوْمُونَ	يَسْتَوْمُوا	يَسْتَوْمُوا	
هنّ	إِسْتَوْمَيْنَ	يَسْتَوْمِينَ	يَسْتَوْمِينَ	يَسْتَوْمِينَ	

الأَمْرُ	المُضارِعُ المَجْزُومُ	المُضارِعُ المَنْصُوبُ	المُضارِعُ المَرْفُوعُ	الماضي	109
	أَسْتَكْوِ	أَسْتَكْوِيَ	أَسْتَكْوِي	اِسْتَكْوَيْتُ	أنا
	نَسْتَكْوِ	نَسْتَكْوِيَ	نَسْتَكْوِي	اِسْتَكْوَيْنَا	نحن
اِسْتَكْوِ	تَسْتَكْوِ	تَسْتَكْوِيَ	تَسْتَكْوِي	اِسْتَكْوَيْتَ	أنتَ
اِسْتَكْوِي	تَسْتَكْوِي	تَسْتَكْوِي	تَسْتَكْوِينَ	اِسْتَكْوَيْتِ	أنتِ
اِسْتَكْوِيَا	تَسْتَكْوِيَا	تَسْتَكْوِيَا	تَسْتَكْوِيَانِ	اِسْتَكْوَيْتُمَا	أنتما
اِسْتَكْوُوا	تَسْتَكْوُوا	تَسْتَكْوُوا	تَسْتَكْوُونَ	اِسْتَكْوَيْتُمْ	أنتم
اِسْتَكْوِينَ	تَسْتَكْوِينَ	تَسْتَكْوِينَ	تَسْتَكْوِينَ	اِسْتَكْوَيْتُنَّ	أنتنّ
	يَسْتَكْوِ	يَسْتَكْوِيَ	**يَسْتَكْوِي**	**اِسْتَكْوَى**	هو
	تَسْتَكْوِ	تَسْتَكْوِيَ	تَسْتَكْوِي	اِسْتَكْوَتْ	هي
	يَسْتَكْوِيَا	يَسْتَكْوِيَا	يَسْتَكْوِيَانِ	اِسْتَكْوَيَا	هما
	تَسْتَكْوِيَا	تَسْتَكْوِيَا	تَسْتَكْوِيَانِ	اِسْتَكْوَتَا	هما
	يَسْتَكْوُوا	يَسْتَكْوُوا	يَسْتَكْوُونَ	اِسْتَكْوَوْا	هم
	يَسْتَكْوِينَ	يَسْتَكْوِينَ	يَسْتَكْوِينَ	اِسْتَكْوَيْنَ	هنّ

الأَمْرُ	المُضارِعُ المَجْزُومُ	المُضارِعُ المَنْصُوبُ	المُضارِعُ المَرْفُوعُ	الماضي	110
	أُهَرْوِلْ	أُهَرْوِلَ	أُهَرْوِلُ	هَرْوَلْتُ	أنا
	نُهَرْوِلْ	نُهَرْوِلَ	نُهَرْوِلُ	هَرْوَلْنَا	نحن
هَرْوِلْ	تُهَرْوِلْ	تُهَرْوِلَ	تُهَرْوِلُ	هَرْوَلْتَ	أنتَ
هَرْوِلِي	تُهَرْوِلِي	تُهَرْوِلِي	تُهَرْوِلِينَ	هَرْوَلْتِ	أنتِ
هَرْوِلَا	تُهَرْوِلَا	تُهَرْوِلَا	تُهَرْوِلَانِ	هَرْوَلْتُمَا	أنتما
هَرْوِلُوا	تُهَرْوِلُوا	تُهَرْوِلُوا	تُهَرْوِلُونَ	هَرْوَلْتُمْ	أنتم
هَرْوِلْنَ	تُهَرْوِلْنَ	تُهَرْوِلْنَ	تُهَرْوِلْنَ	هَرْوَلْتُنَّ	أنتنّ
	يُهَرْوِلْ	يُهَرْوِلَ	**يُهَرْوِلُ**	**هَرْوَلَ**	هو
	تُهَرْوِلْ	تُهَرْوِلَ	تُهَرْوِلُ	هَرْوَلَتْ	هي
	يُهَرْوِلَا	يُهَرْوِلَا	يُهَرْوِلَانِ	هَرْوَلَا	هما
	تُهَرْوِلَا	تُهَرْوِلَا	تُهَرْوِلَانِ	هَرْوَلَتَا	هما
	يُهَرْوِلُوا	يُهَرْوِلُوا	يُهَرْوِلُونَ	هَرْوَلُوا	هم
	يُهَرْوِلْنَ	يُهَرْوِلْنَ	يُهَرْوِلْنَ	هَرْوَلْنَ	هنّ

Tome 4 Médine Conjugaison *La maîtrises-tu ?* C O R R E C T I O N

الأمر	المضارع المجزوم	المضارع المنصوب	المضارع المرفوع	الماضي	111
	أُعَسْكِرْ	أُعَسْكِرَ	أُعَسْكِرُ	عَسْكَرْتُ	أنا
	نُعَسْكِرْ	نُعَسْكِرَ	نُعَسْكِرُ	عَسْكَرْنَا	نحن
عَسْكِرْ	تُعَسْكِرْ	تُعَسْكِرَ	تُعَسْكِرُ	عَسْكَرْتَ	أنتَ
عَسْكِرِي	تُعَسْكِرِي	تُعَسْكِرِي	تُعَسْكِرِينَ	عَسْكَرْتِ	أنتِ
عَسْكِرَا	تُعَسْكِرَا	تُعَسْكِرَا	تُعَسْكِرَانِ	عَسْكَرْتُمَا	أنتما
عَسْكِرُوا	تُعَسْكِرُوا	تُعَسْكِرُوا	تُعَسْكِرُونَ	عَسْكَرْتُمْ	أنتم
عَسْكِرْنَ	تُعَسْكِرْنَ	تُعَسْكِرْنَ	تُعَسْكِرْنَ	عَسْكَرْتُنَّ	أنتنّ
	يُعَسْكِرْ	يُعَسْكِرَ	**يُعَسْكِرُ**	**عَسْكَرَ**	هو
	تُعَسْكِرْ	تُعَسْكِرَ	تُعَسْكِرُ	عَسْكَرَتْ	هي
	يُعَسْكِرَا	يُعَسْكِرَا	يُعَسْكِرَانِ	عَسْكَرَا	هما
	تُعَسْكِرَا	تُعَسْكِرَا	تُعَسْكِرَانِ	عَسْكَرَتَا	هما
	يُعَسْكِرُوا	يُعَسْكِرُوا	يُعَسْكِرُونَ	عَسْكَرُوا	هم
	يُعَسْكِرْنَ	يُعَسْكِرْنَ	يُعَسْكِرْنَ	عَسْكَرْنَ	هنّ

الأمر	المضارع المجزوم	المضارع المنصوب	المضارع المرفوع	الماضي	112
	أُجَوْرِبْ	أُجَوْرِبَ	أُجَوْرِبُ	جَوْرَبْتُ	أنا
	نُجَوْرِبْ	نُجَوْرِبَ	نُجَوْرِبُ	جَوْرَبْنَا	نحن
جَوْرِبْ	تُجَوْرِبْ	تُجَوْرِبَ	تُجَوْرِبُ	جَوْرَبْتَ	أنتَ
جَوْرِبِي	تُجَوْرِبِي	تُجَوْرِبِي	تُجَوْرِبِينَ	جَوْرَبْتِ	أنتِ
جَوْرِبَا	تُجَوْرِبَا	تُجَوْرِبَا	تُجَوْرِبَانِ	جَوْرَبْتُمَا	أنتما
جَوْرِبُوا	تُجَوْرِبُوا	تُجَوْرِبُوا	تُجَوْرِبُونَ	جَوْرَبْتُمْ	أنتم
جَوْرِبْنَ	تُجَوْرِبْنَ	تُجَوْرِبْنَ	تُجَوْرِبْنَ	جَوْرَبْتُنَّ	أنتنّ
	يُجَوْرِبْ	يُجَوْرِبَ	**يُجَوْرِبُ**	**جَوْرَبَ**	هو
	تُجَوْرِبْ	تُجَوْرِبَ	تُجَوْرِبُ	جَوْرَبَتْ	هي
	يُجَوْرِبَا	يُجَوْرِبَا	يُجَوْرِبَانِ	جَوْرَبَا	هما
	تُجَوْرِبَا	تُجَوْرِبَا	تُجَوْرِبَانِ	جَوْرَبَتَا	هما
	يُجَوْرِبُوا	يُجَوْرِبُوا	يُجَوْرِبُونَ	جَوْرَبُوا	هم
	يُجَوْرِبْنَ	يُجَوْرِبْنَ	يُجَوْرِبْنَ	جَوْرَبْنَ	هنّ

الأَمْرُ	المُضارِعُ المَجْزُومُ	المُضارِعُ المَنْصُوبُ	المُضارِعُ المَرْفُوعُ	الماضي	113
	أُزَلْزِلْ	أُزَلْزِلَ	أُزَلْزِلُ	زَلْزَلْتُ	أنا
	نُزَلْزِلْ	نُزَلْزِلَ	نُزَلْزِلُ	زَلْزَلْنَا	نحن
زَلْزِلْ	تُزَلْزِلْ	تُزَلْزِلَ	تُزَلْزِلُ	زَلْزَلْتَ	أنتَ
زَلْزِلِي	تُزَلْزِلِي	تُزَلْزِلِي	تُزَلْزِلِينَ	زَلْزَلْتِ	أنتِ
زَلْزِلَا	تُزَلْزِلَا	تُزَلْزِلَا	تُزَلْزِلَانِ	زَلْزَلْتُمَا	أنتما
زَلْزِلُوا	تُزَلْزِلُوا	تُزَلْزِلُوا	تُزَلْزِلُونَ	زَلْزَلْتُمْ	أنتم
زَلْزِلْنَ	تُزَلْزِلْنَ	تُزَلْزِلْنَ	تُزَلْزِلْنَ	زَلْزَلْتُنَّ	أنتنّ
	يُزَلْزِلْ	يُزَلْزِلَ	**يُزَلْزِلُ**	**زَلْزَلَ**	هو
	تُزَلْزِلْ	تُزَلْزِلَ	تُزَلْزِلُ	زَلْزَلَتْ	هي
	يُزَلْزِلَا	يُزَلْزِلَا	يُزَلْزِلَانِ	زَلْزَلَا	هما
	تُزَلْزِلَا	تُزَلْزِلَا	تُزَلْزِلَانِ	زَلْزَلَتَا	هما
	يُزَلْزِلُوا	يُزَلْزِلُوا	يُزَلْزِلُونَ	زَلْزَلُوا	هم
	يُزَلْزِلْنَ	يُزَلْزِلْنَ	يُزَلْزِلْنَ	زَلْزَلْنَ	هنّ

الأَمْرُ	المُضارِعُ المَجْزُومُ	المُضارِعُ المَنْصُوبُ	المُضارِعُ المَرْفُوعُ	الماضي	114
	أُقَهْقِهْ	أُقَهْقِهَ	أُقَهْقِهُ	قَهْقَهْتُ	أنا
	نُقَهْقِهْ	نُقَهْقِهَ	نُقَهْقِهُ	قَهْقَهْنَا	نحن
قَهْقِهْ	تُقَهْقِهْ	تُقَهْقِهَ	تُقَهْقِهُ	قَهْقَهْتَ	أنتَ
قَهْقِهِي	تُقَهْقِهِي	تُقَهْقِهِي	تُقَهْقِهِينَ	قَهْقَهْتِ	أنتِ
قَهْقِهَا	تُقَهْقِهَا	تُقَهْقِهَا	تُقَهْقِهَانِ	قَهْقَهْتُمَا	أنتما
قَهْقِهُوا	تُقَهْقِهُوا	تُقَهْقِهُوا	تُقَهْقِهُونَ	قَهْقَهْتُمْ	أنتم
قَهْقِهْنَ	تُقَهْقِهْنَ	تُقَهْقِهْنَ	تُقَهْقِهْنَ	قَهْقَهْتُنَّ	أنتنّ
	يُقَهْقِهْ	يُقَهْقِهَ	**يُقَهْقِهُ**	**قَهْقَهَ**	هو
	تُقَهْقِهْ	تُقَهْقِهَ	تُقَهْقِهُ	قَهْقَهَتْ	هي
	يُقَهْقِهَا	يُقَهْقِهَا	يُقَهْقِهَانِ	قَهْقَهَا	هما
	تُقَهْقِهَا	تُقَهْقِهَا	تُقَهْقِهَانِ	قَهْقَهَتَا	هما
	يُقَهْقِهُوا	يُقَهْقِهُوا	يُقَهْقِهُونَ	قَهْقَهُوا	هم
	يُقَهْقِهْنَ	يُقَهْقِهْنَ	يُقَهْقِهْنَ	قَهْقَهْنَ	هنّ

115	الماضي	المُضارِعُ المَرْفُوع	المُضارِعُ المَنصوب	المُضارِعُ المَجْزُوم	الأَمْر
أنا	تَسَرْبَلْتُ	أَتَسَرْبَلُ	أَتَسَرْبَلَ	أَتَسَرْبَلْ	
نحن	تَسَرْبَلْنَا	نَتَسَرْبَلُ	نَتَسَرْبَلَ	نَتَسَرْبَلْ	
أنتَ	تَسَرْبَلْتَ	تَتَسَرْبَلُ	تَتَسَرْبَلَ	تَتَسَرْبَلْ	تَسَرْبَلْ
أنتِ	تَسَرْبَلْتِ	تَتَسَرْبَلِينَ	تَتَسَرْبَلِي	تَتَسَرْبَلِي	تَسَرْبَلِي
أنتما	تَسَرْبَلْتُمَا	تَتَسَرْبَلَانِ	تَتَسَرْبَلَا	تَتَسَرْبَلَا	تَسَرْبَلَا
أنتم	تَسَرْبَلْتُمْ	تَتَسَرْبَلُونَ	تَتَسَرْبَلُوا	تَتَسَرْبَلُوا	تَسَرْبَلُوا
أنتنّ	تَسَرْبَلْتُنَّ	تَتَسَرْبَلْنَ	تَتَسَرْبَلْنَ	تَتَسَرْبَلْنَ	تَسَرْبَلْنَ
هو	**تَسَرْبَلَ**	**يَتَسَرْبَلُ**	يَتَسَرْبَلَ	يَتَسَرْبَلْ	
هي	تَسَرْبَلَتْ	تَتَسَرْبَلُ	تَتَسَرْبَلَ	تَتَسَرْبَلْ	
هما	تَسَرْبَلَا	يَتَسَرْبَلَانِ	يَتَسَرْبَلَا	يَتَسَرْبَلَا	
هما	تَسَرْبَلَتَا	تَتَسَرْبَلَانِ	تَتَسَرْبَلَا	تَتَسَرْبَلَا	
هم	تَسَرْبَلُوا	يَتَسَرْبَلُونَ	يَتَسَرْبَلُوا	يَتَسَرْبَلُوا	
هنّ	تَسَرْبَلْنَ	يَتَسَرْبَلْنَ	يَتَسَرْبَلْنَ	يَتَسَرْبَلْنَ	

116	الماضي	المُضارِعُ المَرْفُوع	المُضارِعُ المَنصوب	المُضارِعُ المَجْزُوم	الأَمْر
أنا	تَسَيْطَرْتُ	أَتَسَيْطَرُ	أَتَسَيْطَرَ	أَتَسَيْطَرْ	
نحن	تَسَيْطَرْنَا	نَتَسَيْطَرُ	نَتَسَيْطَرَ	نَتَسَيْطَرْ	
أنتَ	تَسَيْطَرْتَ	تَتَسَيْطَرُ	تَتَسَيْطَرَ	تَتَسَيْطَرْ	تَسَيْطَرْ
أنتِ	تَسَيْطَرْتِ	تَتَسَيْطَرِينَ	تَتَسَيْطَرِي	تَتَسَيْطَرِي	تَسَيْطَرِي
أنتما	تَسَيْطَرْتُمَا	تَتَسَيْطَرَانِ	تَتَسَيْطَرَا	تَتَسَيْطَرَا	تَسَيْطَرَا
أنتم	تَسَيْطَرْتُمْ	تَتَسَيْطَرُونَ	تَتَسَيْطَرُوا	تَتَسَيْطَرُوا	تَسَيْطَرُوا
أنتنّ	تَسَيْطَرْتُنَّ	تَتَسَيْطَرْنَ	تَتَسَيْطَرْنَ	تَتَسَيْطَرْنَ	تَسَيْطَرْنَ
هو	**تَسَيْطَرَ**	**يَتَسَيْطَرُ**	يَتَسَيْطَرَ	يَتَسَيْطَرْ	
هي	تَسَيْطَرَتْ	تَتَسَيْطَرُ	تَتَسَيْطَرَ	تَتَسَيْطَرْ	
هما	تَسَيْطَرَا	يَتَسَيْطَرَانِ	يَتَسَيْطَرَا	يَتَسَيْطَرَا	
هما	تَسَيْطَرَتَا	تَتَسَيْطَرَانِ	تَتَسَيْطَرَا	تَتَسَيْطَرَا	
هم	تَسَيْطَرُوا	يَتَسَيْطَرُونَ	يَتَسَيْطَرُوا	يَتَسَيْطَرُوا	
هنّ	تَسَيْطَرْنَ	يَتَسَيْطَرْنَ	يَتَسَيْطَرْنَ	يَتَسَيْطَرْنَ	

Tome 4 Médine Conjugaison   La maîtrises-tu ?   C O R R E C T I O N

الأَمْر	المُضارِع المَجْزوم	المُضارِع المَنْصوب	المُضارِع المَرْفوع	الماضي	117
	أَتَصَعْلَكْ	أَتَصَعْلَكَ	أَتَصَعْلَكُ	تَصَعْلَكْتُ	أنا
	نَتَصَعْلَكْ	نَتَصَعْلَكَ	نَتَصَعْلَكُ	تَصَعْلَكْنَا	نحن
تَصَعْلَكْ	تَتَصَعْلَكْ	تَتَصَعْلَكَ	تَتَصَعْلَكُ	تَصَعْلَكْتَ	أنتَ
تَصَعْلَكِي	تَتَصَعْلَكِي	تَتَصَعْلَكِي	تَتَصَعْلَكِينَ	تَصَعْلَكْتِ	أنتِ
تَصَعْلَكَا	تَتَصَعْلَكَا	تَتَصَعْلَكَا	تَتَصَعْلَكَانِ	تَصَعْلَكْتُمَا	أنتما
تَصَعْلَكُوا	تَتَصَعْلَكُوا	تَتَصَعْلَكُوا	تَتَصَعْلَكُونَ	تَصَعْلَكْتُمْ	أنتم
تَصَعْلَكْنَ	تَتَصَعْلَكْنَ	تَتَصَعْلَكْنَ	تَتَصَعْلَكْنَ	تَصَعْلَكْتُنَّ	أنتن
	يَتَصَعْلَكْ	يَتَصَعْلَكَ	**يَتَصَعْلَكُ**	**تَصَعْلَكَ**	هو
	تَتَصَعْلَكْ	تَتَصَعْلَكَ	تَتَصَعْلَكُ	تَصَعْلَكَتْ	هي
	يَتَصَعْلَكَا	يَتَصَعْلَكَا	يَتَصَعْلَكَانِ	تَصَعْلَكَا	هما
	تَتَصَعْلَكَا	تَتَصَعْلَكَا	تَتَصَعْلَكَانِ	تَصَعْلَكَتَا	هما
	يَتَصَعْلَكُوا	يَتَصَعْلَكُوا	يَتَصَعْلَكُونَ	تَصَعْلَكُوا	هم
	يَتَصَعْلَكْنَ	يَتَصَعْلَكْنَ	يَتَصَعْلَكْنَ	تَصَعْلَكْنَ	هن

الأَمْر	المُضارِع المَجْزوم	المُضارِع المَنْصوب	المُضارِع المَرْفوع	الماضي	118
	أَتَزَحْزَحْ	أَتَزَحْزَحَ	أَتَزَحْزَحُ	تَزَحْزَحْتُ	أنا
	نَتَزَحْزَحْ	نَتَزَحْزَحَ	نَتَزَحْزَحُ	تَزَحْزَحْنَا	نحن
تَزَحْزَحْ	تَتَزَحْزَحْ	تَتَزَحْزَحَ	تَتَزَحْزَحُ	تَزَحْزَحْتَ	أنتَ
تَزَحْزَحِي	تَتَزَحْزَحِي	تَتَزَحْزَحِي	تَتَزَحْزَحِينَ	تَزَحْزَحْتِ	أنتِ
تَزَحْزَحَا	تَتَزَحْزَحَا	تَتَزَحْزَحَا	تَتَزَحْزَحَانِ	تَزَحْزَحْتُمَا	أنتما
تَزَحْزَحُوا	تَتَزَحْزَحُوا	تَتَزَحْزَحُوا	تَتَزَحْزَحُونَ	تَزَحْزَحْتُمْ	أنتم
تَزَحْزَحْنَ	تَتَزَحْزَحْنَ	تَتَزَحْزَحْنَ	تَتَزَحْزَحْنَ	تَزَحْزَحْتُنَّ	أنتن
	يَتَزَحْزَحْ	يَتَزَحْزَحَ	**يَتَزَحْزَحُ**	**تَزَحْزَحَ**	هو
	تَتَزَحْزَحْ	تَتَزَحْزَحَ	تَتَزَحْزَحُ	تَزَحْزَحَتْ	هي
	يَتَزَحْزَحَا	يَتَزَحْزَحَا	يَتَزَحْزَحَانِ	تَزَحْزَحَا	هما
	تَتَزَحْزَحَا	تَتَزَحْزَحَا	تَتَزَحْزَحَانِ	تَزَحْزَحَتَا	هما
	يَتَزَحْزَحُوا	يَتَزَحْزَحُوا	يَتَزَحْزَحُونَ	تَزَحْزَحُوا	هم
	يَتَزَحْزَحْنَ	يَتَزَحْزَحْنَ	يَتَزَحْزَحْنَ	تَزَحْزَحْنَ	هن

Tome 4 Médine Conjugaison La maîtrises-tu ? C O R R E C T I O N

119	المَاضي	المُضارِعُ المَرْفُوعُ	المُضارِعُ المَنصُوبُ	المُضارِعُ المَجْزُومُ	الأَمْرُ
أنا	تَمَضْمَضْتُ	أَتَمَضْمَضُ	أَتَمَضْمَضَ	أَتَمَضْمَضْ	
نحن	تَمَضْمَضْنَا	نَتَمَضْمَضُ	نَتَمَضْمَضَ	نَتَمَضْمَضْ	
أنتَ	تَمَضْمَضْتَ	تَتَمَضْمَضُ	تَتَمَضْمَضَ	تَتَمَضْمَضْ	تَمَضْمَضْ
أنتِ	تَمَضْمَضْتِ	تَتَمَضْمَضِينَ	تَتَمَضْمَضِي	تَتَمَضْمَضِي	تَمَضْمَضِي
أنتما	تَمَضْمَضْتُمَا	تَتَمَضْمَضَانِ	تَتَمَضْمَضَا	تَتَمَضْمَضَا	تَمَضْمَضَا
أنتم	تَمَضْمَضْتُمْ	تَتَمَضْمَضُونَ	تَتَمَضْمَضُوا	تَتَمَضْمَضُوا	تَمَضْمَضُوا
أنتنّ	تَمَضْمَضْتُنَّ	تَتَمَضْمَضْنَ	تَتَمَضْمَضْنَ	تَتَمَضْمَضْنَ	تَمَضْمَضْنَ
هو	**تَمَضْمَضَ**	**يَتَمَضْمَضُ**	يَتَمَضْمَضَ	يَتَمَضْمَضْ	
هي	تَمَضْمَضَتْ	تَتَمَضْمَضُ	تَتَمَضْمَضَ	تَتَمَضْمَضْ	
هما	تَمَضْمَضَا	يَتَمَضْمَضَانِ	يَتَمَضْمَضَا	يَتَمَضْمَضَا	
هما	تَمَضْمَضَتَا	تَتَمَضْمَضَانِ	تَتَمَضْمَضَا	تَتَمَضْمَضَا	
هم	تَمَضْمَضُوا	يَتَمَضْمَضُونَ	يَتَمَضْمَضُوا	يَتَمَضْمَضُوا	
هنّ	تَمَضْمَضْنَ	يَتَمَضْمَضْنَ	يَتَمَضْمَضْنَ	يَتَمَضْمَضْنَ	

120	المَاضي	المُضارِعُ المَرْفُوعُ	المُضارِعُ المَنصُوبُ	المُضارِعُ المَجْزُومُ	الأَمْرُ
أنا	اِحْرَنْجَمْتُ	أَحْرَنْجِمُ	أَحْرَنْجِمَ	أَحْرَنْجِمْ	
نحن	اِحْرَنْجَمْنَا	نَحْرَنْجِمُ	نَحْرَنْجِمَ	نَحْرَنْجِمْ	
أنتَ	اِحْرَنْجَمْتَ	تَحْرَنْجِمُ	تَحْرَنْجِمَ	تَحْرَنْجِمْ	اِحْرَنْجِمْ
أنتِ	اِحْرَنْجَمْتِ	تَحْرَنْجِمِينَ	تَحْرَنْجِمِي	تَحْرَنْجِمِي	اِحْرَنْجِمِي
أنتما	اِحْرَنْجَمْتُمَا	تَحْرَنْجِمَانِ	تَحْرَنْجِمَا	تَحْرَنْجِمَا	اِحْرَنْجِمَا
أنتم	اِحْرَنْجَمْتُمْ	تَحْرَنْجِمُونَ	تَحْرَنْجِمُوا	تَحْرَنْجِمُوا	اِحْرَنْجِمُوا
أنتنّ	اِحْرَنْجَمْتُنَّ	تَحْرَنْجِمْنَ	تَحْرَنْجِمْنَ	تَحْرَنْجِمْنَ	اِحْرَنْجِمْنَ
هو	**اِحْرَنْجَمَ**	**يَحْرَنْجِمُ**	يَحْرَنْجِمَ	يَحْرَنْجِمْ	
هي	اِحْرَنْجَمَتْ	تَحْرَنْجِمُ	تَحْرَنْجِمَ	تَحْرَنْجِمْ	
هما	اِحْرَنْجَمَا	يَحْرَنْجِمَانِ	يَحْرَنْجِمَا	يَحْرَنْجِمَا	
هما	اِحْرَنْجَمَتَا	تَحْرَنْجِمَانِ	تَحْرَنْجِمَا	تَحْرَنْجِمَا	
هم	اِحْرَنْجَمُوا	يَحْرَنْجِمُونَ	يَحْرَنْجِمُوا	يَحْرَنْجِمُوا	
هنّ	اِحْرَنْجَمْنَ	يَحْرَنْجِمْنَ	يَحْرَنْجِمْنَ	يَحْرَنْجِمْنَ	

Tome 4 Médine Conjugaison *La maîtrises-tu ?* C O R R E C T I O N

121	الماضي	المضارع المرفوع	المضارع المنصوب	المضارع المجزوم	الأمر
أنا	اِقْعَنْسَسْتُ	أَقْعَنْسِسُ	أَقْعَنْسِسَ	أَقْعَنْسِسْ	
نحن	اِقْعَنْسَسْنَا	نَقْعَنْسِسُ	نَقْعَنْسِسَ	نَقْعَنْسِسْ	
أنتَ	اِقْعَنْسَسْتَ	تَقْعَنْسِسُ	تَقْعَنْسِسَ	تَقْعَنْسِسْ	اِقْعَنْسِسْ
أنتِ	اِقْعَنْسَسْتِ	تَقْعَنْسِسِينَ	تَقْعَنْسِسِي	تَقْعَنْسِسِي	اِقْعَنْسِسِي
أنتما	اِقْعَنْسَسْتُمَا	تَقْعَنْسِسَانِ	تَقْعَنْسِسَا	تَقْعَنْسِسَا	اِقْعَنْسِسَا
أنتم	اِقْعَنْسَسْتُمْ	تَقْعَنْسِسُونَ	تَقْعَنْسِسُوا	تَقْعَنْسِسُوا	اِقْعَنْسِسُوا
أنتنّ	اِقْعَنْسَسْتُنَّ	تَقْعَنْسِسْنَ	تَقْعَنْسِسْنَ	تَقْعَنْسِسْنَ	اِقْعَنْسِسْنَ
هو	**اِقْعَنْسَسَ**	**يَقْعَنْسِسُ**	يَقْعَنْسِسَ	يَقْعَنْسِسْ	
هي	اِقْعَنْسَسَتْ	تَقْعَنْسِسُ	تَقْعَنْسِسَ	تَقْعَنْسِسْ	
هما	اِقْعَنْسَسَا	يَقْعَنْسِسَانِ	يَقْعَنْسِسَا	يَقْعَنْسِسَا	
هما	اِقْعَنْسَسَتَا	تَقْعَنْسِسَانِ	تَقْعَنْسِسَا	تَقْعَنْسِسَا	
هم	اِقْعَنْسَسُوا	يَقْعَنْسِسُونَ	يَقْعَنْسِسُوا	يَقْعَنْسِسُوا	
هنّ	اِقْعَنْسَسْنَ	يَقْعَنْسِسْنَ	يَقْعَنْسِسْنَ	يَقْعَنْسِسْنَ	

122	الماضي	المضارع المرفوع	المضارع المنصوب	المضارع المجزوم	الأمر
أنا	اِحْرَنْبَيْتُ	أَحْرَنْبِي	أَحْرَنْبِيَ	أَحْرَنْبِ	
نحن	اِحْرَنْبَيْنَا	نَحْرَنْبِي	نَحْرَنْبِيَ	نَحْرَنْبِ	
أنتَ	اِحْرَنْبَيْتَ	تَحْرَنْبِي	تَحْرَنْبِيَ	تَحْرَنْبِ	اِحْرَنْبِ
أنتِ	اِحْرَنْبَيْتِ	تَحْرَنْبِينَ	تَحْرَنْبِي	تَحْرَنْبِي	اِحْرَنْبِي
أنتما	اِحْرَنْبَيْتُمَا	تَحْرَنْبِيَانِ	تَحْرَنْبِيَا	تَحْرَنْبِيَا	اِحْرَنْبِيَا
أنتم	اِحْرَنْبَيْتُمْ	تَحْرَنْبُونَ	تَحْرَنْبُوا	تَحْرَنْبُوا	اِحْرَنْبُوا
أنتنّ	اِحْرَنْبَيْتُنَّ	تَحْرَنْبِينَ	تَحْرَنْبِينَ	تَحْرَنْبِينَ	اِحْرَنْبِينَ
هو	**اِحْرَنْبَى**	**يَحْرَنْبِي**	يَحْرَنْبِيَ	يَحْرَنْبِ	
هي	اِحْرَنْبَتْ	تَحْرَنْبِي	تَحْرَنْبِيَ	تَحْرَنْبِ	
هما	اِحْرَنْبَيَا	يَحْرَنْبِيَانِ	يَحْرَنْبِيَا	يَحْرَنْبِيَا	
هما	اِحْرَنْبَتَا	تَحْرَنْبِيَانِ	تَحْرَنْبِيَا	تَحْرَنْبِيَا	
هم	اِحْرَنْبَوْا	يَحْرَنْبُونَ	يَحْرَنْبُوا	يَحْرَنْبُوا	
هنّ	اِحْرَنْبَيْنَ	يَحْرَنْبِينَ	يَحْرَنْبِينَ	يَحْرَنْبِينَ	

الأمْر	المُضارع المَجزوم	المُضارع المَنصوب	المُضارع المَرفوع	الماضي	123
	أَطْمَئِنَّ	أَطْمَئِنَّ	أَطْمَئِنُّ	اِطْمَأْنَنْتُ	أنا
	نَطْمَئِنَّ	نَطْمَئِنَّ	نَطْمَئِنُّ	اِطْمَأْنَنَّا	نحن
اِطْمَئِنَّ	تَطْمَئِنَّ	تَطْمَئِنَّ	تَطْمَئِنُّ	اِطْمَأْنَنْتَ	أنتَ
اِطْمَئِنِّي	تَطْمَئِنِّي	تَطْمَئِنِّي	تَطْمَئِنِّينَ	اِطْمَأْنَنْتِ	أنتِ
اِطْمَئِنَّا	تَطْمَئِنَّا	تَطْمَئِنَّا	تَطْمَئِنَّانِ	اِطْمَأْنَنْتُمَا	أنتما
اِطْمَئِنُّوا	تَطْمَئِنُّوا	تَطْمَئِنُّوا	تَطْمَئِنُّونَ	اِطْمَأْنَنْتُمْ	أنتم
اِطْمَأْنِنَّ	تَطْمَأْنِنَّ	تَطْمَأْنِنَّ	تَطْمَأْنِنَّ	اِطْمَأْنَنْتُنَّ	أنتنَّ
	يَطْمَئِنَّ	يَطْمَئِنَّ	**يَطْمَئِنُّ**	**اِطْمَأَنَّ**	هو
	تَطْمَئِنَّ	تَطْمَئِنَّ	تَطْمَئِنُّ	اِطْمَأَنَّتْ	هي
	يَطْمَئِنَّا	يَطْمَئِنَّا	يَطْمَئِنَّانِ	اِطْمَأَنَّا	هما
	تَطْمَئِنَّا	تَطْمَئِنَّا	تَطْمَئِنَّانِ	اِطْمَأَنَّتَا	هما
	يَطْمَئِنُّوا	يَطْمَئِنُّوا	يَطْمَئِنُّونَ	اِطْمَأَنُّوا	هم
	يَطْمَأْنِنَّ	يَطْمَأْنِنَّ	يَطْمَأْنِنَّ	اِطْمَأْنَنَّ	هنَّ

الأمْر	المُضارع المَجزوم	المُضارع المَنصوب	المُضارع المَرفوع	الماضي	124
	أَسْبَطِرَّ	أَسْبَطِرَّ	أَسْبَطِرُّ	اِسْبَطْرَرْتُ	أنا
	نَسْبَطِرَّ	نَسْبَطِرَّ	نَسْبَطِرُّ	اِسْبَطْرَرْنَا	نحن
اِسْبَطِرَّ	تَسْبَطِرَّ	تَسْبَطِرَّ	تَسْبَطِرُّ	اِسْبَطْرَرْتَ	أنتَ
اِسْبَطِرِّي	تَسْبَطِرِّي	تَسْبَطِرِّي	تَسْبَطِرِّينَ	اِسْبَطْرَرْتِ	أنتِ
اِسْبَطِرَّا	تَسْبَطِرَّا	تَسْبَطِرَّا	تَسْبَطِرَّانِ	اِسْبَطْرَرْتُمَا	أنتما
اِسْبَطِرُّوا	تَسْبَطِرُّوا	تَسْبَطِرُّوا	تَسْبَطِرُّونَ	اِسْبَطْرَرْتُمْ	أنتم
اِسْبَطْرِرْنَ	تَسْبَطْرِرْنَ	تَسْبَطْرِرْنَ	تَسْبَطْرِرْنَ	اِسْبَطْرَرْتُنَّ	أنتنَّ
	يَسْبَطِرَّ	يَسْبَطِرَّ	**يَسْبَطِرُّ**	**اِسْبَطَرَّ**	هو
	تَسْبَطِرَّ	تَسْبَطِرَّ	تَسْبَطِرُّ	اِسْبَطَرَّتْ	هي
	يَسْبَطِرَّا	يَسْبَطِرَّا	يَسْبَطِرَّانِ	اِسْبَطَرَّا	هما
	تَسْبَطِرَّا	تَسْبَطِرَّا	تَسْبَطِرَّانِ	اِسْبَطَرَّتَا	هما
	يَسْبَطِرُّوا	يَسْبَطِرُّوا	يَسْبَطِرُّونَ	اِسْبَطَرُّوا	هم
	يَسْبَطْرِرْنَ	يَسْبَطْرِرْنَ	يَسْبَطْرِرْنَ	اِسْبَطْرَرْنَ	هنَّ

الأمر	المُضارِع المَجْزُوم	المُضارِع المَنصُوب	المُضارِع المَرْفُوع	الماضي	125
	أَشْمَعِلَّ	أَشْمَعِلَّ	أَشْمَعِلُّ	إِشْمَعْلَلْتُ	أنا
	نَشْمَعِلَّ	نَشْمَعِلَّ	نَشْمَعِلُّ	إِشْمَعْلَلْنَا	نحن
إِشْمَعِلَّ	تَشْمَعِلَّ	تَشْمَعِلَّ	تَشْمَعِلُّ	إِشْمَعْلَلْتَ	أنتَ
إِشْمَعِلِّي	تَشْمَعِلِّي	تَشْمَعِلِّي	تَشْمَعِلِّينَ	إِشْمَعْلَلْتِ	أنتِ
إِشْمَعِلَّا	تَشْمَعِلَّا	تَشْمَعِلَّا	تَشْمَعِلَّانِ	إِشْمَعْلَلْتُمَا	أنتما
إِشْمَعِلُّوا	تَشْمَعِلُّوا	تَشْمَعِلُّوا	تَشْمَعِلُّونَ	إِشْمَعْلَلْتُمْ	أنتم
إِشْمَعْلِلْنَ	تَشْمَعْلِلْنَ	تَشْمَعْلِلْنَ	تَشْمَعْلِلْنَ	إِشْمَعْلَلْتُنَّ	أنتنّ
	يَشْمَعِلَّ	يَشْمَعِلَّ	**يَشْمَعِلُّ**	**إِشْمَعَلَّ**	هو
	تَشْمَعِلَّ	تَشْمَعِلَّ	تَشْمَعِلُّ	إِشْمَعَلَّتْ	هي
	يَشْمَعِلَّا	يَشْمَعِلَّا	يَشْمَعِلَّانِ	إِشْمَعَلَّا	هما
	تَشْمَعِلَّا	تَشْمَعِلَّا	تَشْمَعِلَّانِ	إِشْمَعَلَّتَا	هما
	يَشْمَعِلُّوا	يَشْمَعِلُّوا	يَشْمَعِلُّونَ	إِشْمَعَلُّوا	هم
	يَشْمَعْلِلْنَ	يَشْمَعْلِلْنَ	يَشْمَعْلِلْنَ	إِشْمَعْلَلْنَ	هنّ

Page correction	Page exercice	Verbe			N°
---	4	Enregistrer	تَسْجِيلًا	سَجَّلَ	Modèle 1
161	5	Classer	تَرْتِيبًا	رَتَّبَ	1
161	6	Enseigner	تَدْرِيسًا	دَرَّسَ	2
162	7	Féliciter	تَهْنِئَةً	هَنَّأَ	3
162	8	Répéter	تَكْرَارًا	كَرَّرَ	4
163	9	Distribuer	تَوْزِيعًا	وَزَّعَ	5
163	10	Faciliter	تَيْسِيرًا	يَسَّرَ	6
164	11	Embellir	تَجْوِيدًا	جَوَّدَ	7
164	12	Gaspiller	تَضْيِيعًا	ضَيَّعَ	8
---	13	Nommer	تَسْمِيَةً	سَمَّى	Modèle 2
165	14	Éduquer	تَرْبِيَةً	رَبَّى	9
165	15	Prier	صَلَاةً	صَلَّى	10
166	16	Renforcer	تَقْوِيَةً	قَوَّى	11
166	17	Recommander	تَوْصِيَةً	وَصَّى	12
---	18	Tenter	مُحَاوَلَةً	حَاوَلَ	Modèle 3
167	19	Aider	مُسَاعَدَةً	سَاعَدَ	13
167	20	Réviser	مُرَاجَعَةً	رَاجَعَ	14
168	21	Blâmer	مُؤَاخَذَةً	آخَذَ	15
168	22	Nourrir	مُؤَاكَلَةً	آكَلَ	16
169	23	Continuer	مُوَاصَلَةً	وَاصَلَ	17
169	24	Se montrer doux avec	مُيَاسَرَةً	يَاسَرَ	18

Page correction	Page exercice	Verbe			N°
170	25	Se dresser contre	مُقَاوَمَةً	قَاوَمَ	19
170	26	Prêter allégeance	مُبَايَعَةً	بَايَعَ	20
---	27	S'opposer à	مُحَادَّةً	حَادَّ	Modèle 4
171	28	Être en désaccord avec	مُشَاقَّةً	شَاقَّ	21
171	29	Débattre avec	مُحَاجَّةً	حَاجَّ	22
---	30	Appeler	مُنَادَاةً	نَادَى	Modèle 5
172	31	Faire face à	مُلَاقَاةً	لَاقَى	23
172	32	Concurrencer	مُبَارَاةً	بَارَى	24
173	33	Secourir	مُوَالَاةً	وَالَى	25
173	34	Donner de la main à la main	مُيَادَاةً	يَادَى	26
---	35	Envoyer	إِرْسَالًا	أَرْسَلَ	Modèle 6
174	36	Informer	إِخْبَارًا	أَخْبَرَ	27
174	37	Fermer	إِغْلَاقًا	أَغْلَقَ	28
175	38	Croire	إِيمَانًا	آمَنَ	29
175	39	Éteindre	إِطْفَاءً	أَطْفَأَ	30
176	40	Obliger	إِيجَابًا	أَوْجَبَ	31
176	41	Faire tomber	إِيقَاعًا	أَوْقَعَ	32
177	42	Réveiller	إِيقَاظًا	أَيْقَظَ	33
177	43	Avoir la certitude	إِيقَانًا	أَيْقَنَ	34

Page correction	Page exercice	Verbe		N°
---	44	Préparer	إِعْدَادًا أَعَدَّ	Modèle 7
178	45	Se montrer	إِطْلَالًا أَطَلَّ	35
178	46	Étendre	إِمْدَادًا أَمَدَّ	36
---	47	Résider	إِقَامَةً أَقَامَ	Modèle 8
179	48	Aider	إِعَانَةً أَعَانَ	37
179	49	Revenir repentant	إِنَابَةً أَنَابَ	38
180	50	Mettre en vente	إِبَاعَةً أَبَاعَ	39
---	51	Donner	إِعْطَاءً أَعْطَى	Modèle 9
180	52	Jeter	إِلْقَاءً أَلْقَى	40
181	53	Faire les éloges de	إِثْنَاءً أَثْنَى	41
181	54	Faire signe à quelqu'un	إِيمَاءً أَوْمَى	42
182	55	Être bienfaisant	إِيدَاءً أَيْدَى	43
---	56	Sortir diplômé	تَخَرُّجًا تَخَرَّجَ	Modèle 10
182	57	Grimper	تَسَلُّقًا تَسَلَّقَ	44
183	58	Respirer	تَنَفُّسًا تَنَفَّسَ	45
183	59	Faire le *woudoû'*	تَوَضُّؤًا تَوَضَّأَ	46
184	60	Espionner	تَجَسُّسًا تَجَسَّسَ	47
184	61	Placer sa confiance	تَوَكُّلًا تَوَكَّلَ	48
185	62	S'assurer de	تَيَقُّنًا تَيَقَّنَ	49
185	63	Savourer	تَذَوُّقًا تَذَوَّقَ	50
186	64	Se donner des airs	تَذَيُّلًا تَذَيَّلَ	51

Page correction	Page exercice	Verbe		N°
---	65	Souhaiter	تَمَنِّيًا تَمَنَّى	Modèle 11
186	66	Recevoir	تَلَقِّيًا تَلَقَّى	52
187	67	Déjeuner	تَغَدِّيًا تَغَدَّى	53
187	68	Se prémunir de	تَوَقِّيًا تَوَقَّى	54
188	69	Se détourner de	تَوَلِّيًا تَوَلَّى	55
---	70	Faire le malade	تَمَارُضًا تَمَارَضَ	Modèle 12
188	71	Faire semblant d'ignorer	تَجَاهُلًا تَجَاهَلَ	56
189	72	Prétendre le savoir	تَعَالُمًا تَعَالَمَ	57
189	73	Être optimiste	تَفَاؤُلًا تَفَاءَلَ	58
190	74	Être modeste	تَوَاضُعًا تَوَاضَعَ	59
190	75	Se placer à gauche	تَيَاسُرًا تَيَاسَرَ	60
191	76	Collaborer	تَعَاوُنًا تَعَاوَنَ	61
191	77	Se vexer	تَضَايُقًا تَضَايَقَ	62
---	78	Discuter énergiquement avec	تَشَادًّا تَشَادَّ	Modèle 13
192	79	Se disputer et prétendre la vérité	تَحَاقًّا تَحَاقَّ	63
192	80	S'encourager	تَحَاضًّا تَحَاضَّ	64
---	81	Faire semblant de ne pas voir	تَعَامِيًا تَعَامَى	Modèle 14
193	82	Douter	تَمَارِيًا تَمَارَى	65
193	83	Négliger	تَعَاشِيًا تَعَاشَى	66
194	84	Se cacher	تَوَارِيًا تَوَارَى	67
194	85	Négliger (travail)	تَوَانِيًا تَوَانَى	68

Page correction	Page exercice	Verbe			N°
---	86	Revenir	إِنْقِلَابًا	إِنْقَلَبَ	Modèle 15
195	87	Partir	إِنْطِلَاقًا	إِنْطَلَقَ	69
195	88	S'exiler	إِنْعِزَالًا	إِنْعَزَلَ	70
---	89	S'infiltrer	إِنْدِسَاسًا	إِنْدَسَّ	Modèle 16
196	90	Se faire indiquer le chemin	إِنْدِلَالًا	إِنْدَلَّ	71
196	91	S'esquiver	إِنْسِلَالًا	إِنْسَلَّ	72
---	92	Se soumettre	إِنْقِيَادًا	إِنْقَادَ	Modèle 17
197	93	Partir juste après être venu	إِنْقِيَاضًا	إِنْقَاضَ	73
197	94	Baisser le prix	إِنْبِيَاعًا	إِنْبَاعَ	74
---	95	Se détourner	إِنْثِنَاءً	إِنْثَنَى	Modèle 18
198	96	S'associer à	إِنْضِوَاءً	إِنْضَوَى	75
198	97	Se confiner	إِنْزِوَاءً	إِنْزَوَى	76
---	98	Proposer	إِقْتِرَاحًا	إِقْتَرَحَ	Modèle 19
199	99	Faire la *'oumrah*	إِعْتِمَارًا	إِعْتَمَرَ	77
199	100	Écouter	إِسْتِمَاعًا	إِسْتَمَعَ	78
200	101	Supporter l'injustice	إِظِّلَامًا	إِظَّلَمَ	79
200	102	Prendre	إِتِّخَاذًا	إِتَّخَذَ	80
201	103	Avoir de l'embonpoint	إِمْتِلَاءً	إِمْتَلَأَ	81
201	104	Contacter	إِتِّصَالًا	إِتَّصَلَ	82
---	105	S'argumenter de	إِحْتِجَاجًا	إِحْتَجَّ	Modèle 20
202	106	Couper (plante)	إِحْتِفَافًا	إِحْتَفَّ	83

Page correction	Page exercice	Verbe			N°
202	107	Suivre la voie de	اِسْتِنَانًا	اِسْتَنَّ	84
---	108	Choisir	اِخْتِيَارًا	اِخْتَارَ	Modèle 21
203	109	Trahir	اِخْتِيَانًا	اِخْتَانَ	85
203	110	S'embellir	اِزْدِيَانًا	اِزْدَانَ	86
---	111	Éprouver	اِبْتِلَاءً	اِبْتَلَى	Modèle 22
204	112	Élir	اِصْطِفَاءً	اِصْطَفَى	87
204	113	Se suffire de	اِكْتِفَاءً	اِكْتَفَى	88
205	114	Se protéger de	اِتِّقَاءً	اِتَّقَى	89
---	115	Être borgne	اِعْوِرَارًا	اِعْوَرَّ	Modèle 23
205	116	Se disperser	اِرْفِضَاضًا	اِرْفَضَّ	90
206	117	Se dépêcher (déplacement)	اِرْقِدَادًا	اِرْقَدَّ	91
206	118	Dévier d'une route	اِزْوِرَارًا	اِزْوَرَّ	92
207	119	Bronzer	اِسْمِرَارًا	اِسْمَرَّ	93
---	120	Se réveiller avec nonchalance	اِرْغِيدَادًا	اِرْغَادَّ	Modèle 24
207	121	S'oindre	اِدْهِينَانًا	اِدْهَانَّ	94
208	122	Désirer	اِرْغِيبَابًا	اِرْغَابَّ	95
208	123	Dévier petit à petit	اِزْوِيرَارًا	اِزْوَارَّ	96
209	124	Bronzer petit à petit	اِسْمِيرَارًا	اِسْمَارَّ	97
---	125	Utiliser	اِسْتِعْمَالًا	اِسْتَعْمَلَ	Modèle 25
209	126	Extraire	اِسْتِخْرَاجًا	اِسْتَخْرَجَ	98
210	127	Demander pardon	اِسْتِغْفَارًا	اِسْتَغْفَرَ	99

Tome 4 Médine Conjugaison La maîtrises-tu ?   L E X I Q U E

Page correction	Page exercice	Verbe		N°
210	128	Se réveiller	اِسْتِيقَاظًا اِسْتَيْقَظَ	100
211	129	Consulter	اِسْتِيصَافًا اِسْتَوْصَفَ	101
---	130	Se préparer	اِسْتِعْدَادًا اِسْتَعَدَّ	Modèle 26
211	131	Se laver	اِسْتِحْمَامًا اِسْتَحَمَّ	102
212	132	Préférer	اِسْتِحْبَابًا اِسْتَحَبَّ	103
---	133	Tirer profit de	اِسْتِفَادَةً اِسْتَفَادَ	Modèle 27
212	134	Demander l'aide	اِسْتِعَانَةً اِسْتَعَانَ	104
213	135	Se reposer	اِسْتِرَاحَةً اِسْتَرَاحَ	105
---	136	Demander la bonne voie	اِسْتِهْدَاءً اِسْتَهْدَى	Modèle 28
213	137	Demander d'être vêtu	اِسْتِكْسَاءً اِسْتَكْسَى	106
214	138	Se passer de	اِسْتِغْنَاءً اِسْتَغْنَى	107
214	139	S'emparer de	اِسْتِيمَاءً اِسْتَوْمَى	108
215	140	Demander la cautérisation	اِسْتِكْوَاءً اِسْتَكْوَى	109
---	141	Traduire	تَرْجَمَةً تَرْجَمَ	Modèle 29
215	142	Accélérer le pas	هَرْوَلَةً هَرْوَلَ	110
216	143	Camper (militaire)	عَسْكَرَةً عَسْكَرَ	111
216	144	Mettre des chaussettes à qq'un	جَوْرَبَةً جَوْرَبَ	112
217	145	Secouer	زَلْزَلَةً زَلْزَلَ	113
217	146	Rire aux éclats	قَهْقَهَةً قَهْقَهَ	114

Page correction	Page exercice	Verbe			N°
---	147	Glisser, patiner	تَزَحْلُقًا	تَزَحْلَقَ	Modèle 30
218	148	Se vêtir	تَسَرْبُلًا	تَسَرْبَلَ	115
218	149	Gouverner	تَسَيْطُرًا	تَسَيْطَرَ	116
219	150	Tomber dans la misère	تَصَعْلُكًا	تَصَعْلَكَ	117
219	151	S'écarter	تَزَحْزُحًا	تَزَحْزَحَ	118
220	152	Se rincer la bouche	تَمَضْمُضًا	تَمَضْمَضَ	119
---	153	Se disperser	اِفْرِنْقَاعًا	اِفْرَنْقَعَ	Modèle 31
220	154	Se rétracter	اِحْرِنْجَامًا	اِحْرَنْجَمَ	120
221	155	Revenir en arrière avec retard	اِقْعِنْسَاسًا	اِقْعَنْسَسَ	121
221	156	S'apprêter à faire le mal	اِحْرِنْبَاءً	اِحْرَنْبَى	122
---	157	Avoir de la répulsion pour	اِشْمِئْزَازًا	اِشْمَأَزَّ	Modèle 32
222	158	S'apaiser	اِطْمِئْنَانًا	اِطْمَأَنَّ	123
222	159	S'étendre, se coucher	اِسْبِطْرَارًا	اِسْبَطَرَّ	124
223	160	Se dépêcher	اِشْمِعْلَالًا	اِشْمَعَلَّ	125

CONCLUSION

Nous espérons qu'après avoir travaillé sur tous ces verbes, la conjugaison du verbe à 4 lettres ou plus, à la voie active, sera pour vous acquise. Ceci permet de faire en grand pas vers la lecture sans voyelle et la compréhension orale.

Si toutefois vous voulez encore vous exercer, vous pouvez utiliser nos cahiers **cahier de conjugaison** comportant **100 tableaux** à compléter en conjuguant un verbe de 3 lettres de votre choix :

Vous pouvez même nous en envoyer une photo, pour correction si nécessaire, à l'adresse suivante :

contact@arabe-correct.com

Également, n'hésitez pas à nous envoyer vos remarques ou suggestions à cette même adresse.

Nous demandons à Allah de nous rendre profitable ce qu'IL nous a appris,

et de nous apprendre ce qui nous est profitable !

سُبْحانَكَ اللَّهُمَّ وَبِحَمْدِكَ أَشْهَدُ أَن لا إِلَهَ إِلَّا أَنْتَ أَسْتَغْفِرُكَ وَأَتُوبُ إِلَيْكَ

وَصَلَّى اللهُ وَسَلَّمَ عَلى نَبِيِّنا مُحَمَّدٍ وَعَلى آلِهِ وَأَزْوَاجِهِ وَأَصْحابِهِ أَجْمَعِين

Printed in France by Amazon
Brétigny-sur-Orge, FR

13293002R00132